ESCAPE ROOM

FLUCHT AUS ...
DER VERGANGENHEIT

Konzeption und Text: Jens Schumacher, www.jensschumacher.eu
Illustration: Hauke Kock, www.haukekock.de

ISBN 978-3-8458-3978-3

www.arsedition.de

FSC
www.fsc.org
MIX
Papier aus verantwortungsvollen Quellen
FSC® C002795

Jens Schumacher

ESCAPE ROOM

FLUCHT AUS ... DER VERGANGENHEIT

Illustriert von Hauke Kock

arsEdition

ACHTUNG

»FLUCHT AUS … der Vergangenheit« ist kein Buch, wie du es kennst.

- **Unterschied Nummer 1**: In dieser Geschichte spielt niemand anderes als DU die Hauptrolle.
- **Unterschied Nummer 2**: Es ist völlig unklar, ob du die folgenden Ereignisse unbeschadet überstehst!

Neugierig geworden? Dann starte JETZT in dein Abenteuer!

RÄTSELSEITEN

Um aus der Vergangenheit zu entkommen, musst du ein paar einfache Regeln beachten. Du beginnst mit dem Lesen am Anfang des Buches, blätterst ganz normal Seite für Seite um … aber nicht lange! Schon bald wirst du auf knifflige Rätsel stoßen. Jedes davon ist mit einem eigenen Symbol versehen, einem kleinen Motiv wie diesem:

Die eigentliche Rätselaufgabe verbirgt sich jeweils zwischen zwei zusammenhängenden Buchseiten. Diese musst du auseinanderschneiden und die Aufgabe dort lösen, sonst kannst du dein Abenteuer nicht fortsetzen. Die richtige Antwort verrät dir, auf welcher Seite des Buches du weiterrätseln musst.

Wichtig: Zusammenhängende Seiten darfst du nur öffnen, wenn dich dieses Symbol dazu auffordert:

Kannst du mal ein Rätsel nicht lösen, hast du zwei Möglichkeiten: Die erste besteht darin, die eingebaute **Computer-Datenbank** deiner Zeitmaschine zu nutzen. Möchtest du ihre Hilfe in Anspruch nehmen, schlag das Buch **ganz vorne** auf und lies den Tipp, der dort hinter dem Symbol des betreffenden Rätsels abgedruckt ist. (Mach in diesem Fall ein Kreuz in das Kästchen hinter den jeweiligen Tipp.) Mit etwas Glück kannst du die Nuss nun knacken.

Klappt es immer noch nicht, musst du wohl oder übel in den sauren Apfel beißen und das Buch **ganz hinten** aufschlagen. Dort steht hinter jedem Rätselsymbol die Lösung der betreffenden Aufgabe. (Nutzt du eine dieser Hilfestellungen, mach im Kästchen hinter der jeweiligen Lösung ein Kreuz.)

Vorsicht: Deine Flucht aus der Vergangenheit wird nur gelingen, wenn du beweist, dass du über genügend Grips verfügst. Hast du dir am Ende der Geschichte zu oft helfen lassen oder gar einen Großteil der Rätsel nicht selbst gelöst, besteht die Gefahr, dass diese Geschichte böse für dich ausgeht. Also zeig, was in dir steckt!

Aber nun genug der Vorrede – blättere um und starte dein Abenteuer auf **Seite 6**!

VORGESCHICHTE

»HEUREKAAAA! ICH HAB'S GESCHAAAAFFT!«
Die sich überschlagende Stimme ist so laut, dass du das Handy kurz von deinem Ohr entfernen musst. Hättest du nicht beim Klingeln gesehen, um wen es sich bei dem Anrufer handelt, du hättest Probleme, die Person am anderen Ende zu erkennen.
»Onkel Ethan? Bist du das?«, vergewisserst du dich.

»ES HAT GEKLAPPT – ICH WAR DORT!«, brüllt die Stimme, als hätte sie deine Frage gar nicht gehört. »ICH HABE *GEWUSST*, DASS ES MÖGLICH IST!«
Du kannst ein Grinsen nicht unterdrücken. Professor Ethan Tusk, der Cousin deiner Mutter, gilt als Sonderling – und das nicht zu Unrecht. In erster Linie liegt das an seinem Beruf: Onkel Ethan ist Erfinder, und zwar einer der produktivsten der Welt. Nebenbei ist er ein bisschen verrückt. Aber gerade diese Kombination macht ihn in deinen Augen zum coolsten Angehörigen deiner ganzen Familie. An Wochenenden oder wie jetzt in den Ferien besuchst du ihn regelmäßig und schaust dir seine neuesten Apparate und Maschinen an. So aufgeregt wie heute hast du ihn in all den Jahren allerdings noch nie erlebt.
»Beruhige dich, Onkel Ethan«, versuchst du es noch einmal. »Was hat geklappt? Was ist möglich?«
»Der PorZeiTrans! Er funktioniert! Du musst sofort herkommen und es dir anschauen!«
Du hast zwar keine Ahnung, was ein »PorZeiTrans« sein soll, aber da du an diesem Nachmittag noch nichts vorhast, versprichst du deinem Onkel, in einer halben Stunde bei ihm zu sein. Dann schwingst du dich auf dein Rad und saust los.
Auf dem Weg zu Onkel Ethans Haus überlegst du, was er wohl wieder ausgeheckt haben könnte. Manche der Dinge, die er in den vergangenen Jahren ausgetüftelt hat, waren eher kurios als nützlich. Das Patent für seinen vollautomatisch Eier aufklopfenden Eierbecher wollten seinerzeit nicht mal die Chinesen haben. Dabei funktioniert das Ding einwandfrei – du benutzt das Exemplar, das Onkel Ethan dir damals geschenkt hat, seit Jahren beim Frühstück.

Erfolgreicher war seine Klimaanlage fürs Handgelenk, entwickelt für den Einsatz in der Antarktis und anderen unwirtlichen Regionen: Ein Knopfdruck, und das Gerät, klein wie eine Smartwatch, heizt oder kühlt den ganzen Körper auf eine vorher eingestellte Temperatur. Genial!
Einmal bekam Onkel Ethan sogar Ärger mit dem Geheimdienst. Damals hatte er eine auf elektromagnetischer Lichtbrechung basierende Röntgenbrille erfunden. Mit ihr konnte man durch festes Mauerwerk schauen wie durch Glas. Als er die Brille zum Patent anmelden wollte, erschienen plötzlich Männer in schwarzen Anzügen in seinem Labor, beschlagnahmten die Konstruktionspläne und erklärten, seine Erfindung gefährde die Privatsphäre seiner Mitmenschen. Onkel Ethan vermutete später, die Agenten dürften eher besorgt gewesen sein, seine Röntgenbrille könnte feindlichen Spionen in die Hände fallen.

Was mag er jetzt wieder zusammengeschraubt haben? Und weshalb ist er so aus dem Häuschen? Das sieht deinem Onkel, sonst eher ein ruhiger Typ, überhaupt nicht ähnlich …
Eine halbe Stunde später erreichst du das alte Landhaus am Waldrand, das Onkel Ethan sich vor ein paar Jahren von dem Geld gekauft hat, das er mit seinem Luftkissen-Schlitten zum Sommerrodeln verdient hatte. Äußerlich ist es in erbärmlichem Zustand: Putz blättert von den Wänden, das Dach ist undicht, und der Vorgarten besteht quasi nur aus Unkraut. Drinnen dagegen ist alles auf dem neuesten Stand der Technik. Du öffnest die Haustür mit dem 21-stelligen Zahlencode, der Onkel Ethans Schlüssel ersetzt. Neben dem Professor bist du die einzige Person auf der Welt, die die Kombination kennt. Drinnen gehst du gleich nach hinten durch, zu dem stählernen Schott, das die Wohnräume vom Labor des Erfinders trennt.
Dort erwartet dich eine Überraschung.
In dem großen, runden Raum mit dem verglasten Kuppeldach herrscht wie üblich ein heilloses Chaos. Halb fertige Maschinen und Apparate stehen auf Arbeitstischen herum, ein kilometerlanges Wirrwarr aus Kabeln bedeckt den Boden. Computermonitore blinken, Module piepsen, ein elektrischer Geruch liegt in der Luft. Alles wie immer. Nicht wie immer wirkt dagegen dein Onkel: Er hüpft wie ein Flummiball im Labor auf und ab, eine Flasche Champagner und ein Glas in Händen. Auf seinem wirren weißen Haarschopf sitzt eine gelbe Pappkrone, die du als Souvenir aus einem Burger-Schnellimbiss wiedererkennst. Zwischen großen Schlucken Champagner singt er Brocken eines alten Liedes: *»I diiid it myyy wayyy!«*

»Onkel Ethan?«, fragst du vorsichtig von der Tür aus.
»Was? Wer …? Ah, du! Endlich.« Mit der Flasche winkt dich dein Onkel heran.
»Komm rein, ich muss dir etwas zeigen. Die Krönung meines Schaffens! Auch ein Glas Champagner?«
Du lehnst dankend ab und wartest, bis der Professor sein Glas geleert und es beiseitegestellt hat.
»Es ist geglückt«, erklärt er gewichtig. »Nach über zehn Jahren Forschung habe ich, Professor Ethan Cleveland Tusk, einen Menschheitstraum möglich gemacht.«
Er holt ein kleines Gerät von einer Werkbank und hält es dir hin. »Darf ich vorstellen? Der PorZeiTrans!«

Der Apparat erinnert an ein kleines Tablet oder ein großes Handy. Am oberen Ende ist eine ausziehbare Antenne befestigt, auf der anderen Seite gibt es etwas, das wie eine rechteckige Fläche aus Solarzellen aussieht.
Du runzelst die Stirn. »Du hast ein mit Sonnenenergie betriebenes Tablet erfunden?«
Dein Onkel schüttelt heftig den Kopf. »Papperlapapp! ›PorZeiTrans‹ steht für *Portabler Zeit-Transmitter*. Was du hier siehst, ist die erste tragbare Zeitmaschine der Welt! Und sie funktioniert! Ich war dort.«
»Du warst wo?«
»In der Urzeit!« Professor Tusks Augen beginnen zu leuchten. »Triceratops! T-Rex! Pteranodon! Ich habe sie gesehen. Mit meinen eigenen Augen.«
Skeptisch nimmst du das Gerät in die Hand. Es ist deutlich schwerer als ein normales Tablet, aber das ist auch schon alles. Besorgt fragst du dich, wie viel Champagner Onkel Ethan wohl schon intus hat. »Du warst also in der Urzeit?«, vergewisserst du dich. »Mit diesem … Dings?«
Energisch reißt dir Professor Tusk das Gerät aus der Hand. »Dieses ›Dings‹, wie du dich auszudrücken beliebst, ist zufälligerweise die größte Erfindung der Menschheit.« Er aktiviert das Display, auf dem ein Menü mit einem großen Drehregler erscheint. »Man braucht lediglich hiermit eine historische Epoche einzustellen, drückt dort und – BÄMM!«
»Bämm?«
»Der Transmitter entmaterialisiert deine subatomare Molekularstruktur und rekonstruiert sie binnen einer Tausendstelsekunde in der gewünschten Zeit.«

»Äh … ja. Klar. Was auch immer. Und du hast das ausprobiert?«
Onkel Ethan nickt wild. »Ich war in der Kreidezeit! Und ich habe sogar einen Beweis!« Er deutet auf eine kleine Beule an seiner Stirn. »Ich hatte mir ein Versteck zwischen einigen Riesenfarnen gesucht, um die Kreaturen der Urzeit aus sicherer Entfernung zu beobachten. Doch ein Rudel Velociraptoren wurde auf mich aufmerksam und machte Jagd auf mich! Bei meiner Flucht durchs Dickicht schlug ich mir den Schädel an einem tief hängenden Ast.«
»Wieso hast du dich nicht schnell zurück nach Hause teleportiert?«, willst du wissen.
»Transmittiert!«, korrigiert dich dein Onkel und deutet auf die Solarzellen des Geräts. »Das war nicht möglich. So ein Zeitsprung verschlingt enorm viel Energie. Der PorZeiTrans kann immer nur genügend Saft für einen Sprung speichern, dann muss er neu geladen werden. Das dauert nur wenige Minuten, allerdings muss der Solarkollektor dafür direkter Sonneneinstrahlung ausgesetzt sein. Und die gab es unter dem Blätterdach eines urzeitlichen Dschungels natürlich nicht. Ich musste rennen wie ein Hase. Zum Glück erreichte ich bald eine große Lichtung, über der die Sonne hell am Himmel stand. Ich rettete mich auf einen hohen Felsen, und während die Raptoren hungrig unter mir herumschlichen, lud ich das Gerät auf und kehrte zurück.« Stolz strahlt dein Onkel dich an. »Und du wirst der zweite Mensch sein, der meine bahnbrechende Erfindung ausprobieren darf!«
»I-ich?« Ohne große Begeisterung betrachtest du den Apparat, den dein Onkel PorZeiTrans nennt. Wäre es wirklich möglich, dass …? Du musterst die mickrige Beule auf Onkel Ethans Stirn. Was, wenn dein Onkel bloß gestürzt ist, das Bewusst-

sein verloren und seine Erlebnisse in der Urzeit geträumt hat? So verlockend die Aussicht wäre, einmal echte Dinosaurier mit eigenen Augen zu sehen … Du verspürst wenig Lust, eine Erfindung zu testen, von der niemand weiß, ob sie wirklich tut, was sie soll.

»Ach, fast hätte ich's vergessen …« Dein Onkel greift in einen Rucksack, der neben ihm auf dem Boden liegt. »Ich habe etwas mitgebracht. Von vorvorvorgestern sozusagen.« Mit diesen Worten hebt er ein braunes Ei heraus, groß wie ein Rugbyball. Ein Dino-Ei! Kann das möglich sein? Das hieße ja, die Zeitmaschine würde tatsächlich funktionieren!

»Ich bin dabei«, rufst du. »Was muss ich tun?«

»Wie gesagt, es ist ganz einfach. Mit dem Drehregler stellst du die gewünschte Zeit ein. Wohin möchtest du?«

Du überlegst kurz. »In der Übergangszeit zwischen Jura- und Kreidezeit gab es die spektakulärsten Saurier …«

»Dann stelle ich 135 Millionen Jahre in der Vergangenheit ein.« Dein Onkel betätigt den Drehschalter auf dem Display. »Der PorZeiTrans verfügt übrigens über eine umfangreiche Datenbank. Alle erdenklichen Epochen sind darin gespeichert. Siehst du etwas, wozu du Auskünfte wünschst, richte einfach die Kameralinse des Geräts darauf. Sogar ein Sprachenübersetzer für historische Dialekte ist einprogrammiert. Aber den wirst du dort, wohin du gehst, kaum brauchen. Willst du zurückkehren, musst du das Gerät zunächst fünf Minuten lang direkter Sonnenstrahlung aussetzen, sonst hat der Akku nicht genug Leistung. Hier, diese Energieanzeige muss grün

leuchten, nicht rot … Dann einfach mit dem Regler das heutige Datum einstellen, hier drücken, und – *schwups* – bist du zurück.«
Das Herz schlägt dir bis zum Hals, als du mit dem PorZeiTrans in die Mitte des Labors trittst. Onkel Ethan prostet dir mit einem Glas Champagner zu. In nüchternem Zustand würde er dich ein Experiment wie dieses nie allein durchführen lassen – immerhin könnten dort, wohin du gehst, Gefahren auf dich lauern. Aber deine Neugier gewinnt den Kampf gegen deine Vorsicht. Einmal einen lebenden, atmenden Apatosaurus mit eigenen Augen sehen!
»Ich bin bald zurück«, rufst du Onkel Ethan zum Abschied zu.
»Lass dir ruhig Zeit«, antwortet er. »Für mich wird kaum eine Zehntelsekunde vergangen sein, bis du hier wieder auftauchst. Viel Spaß!«
Mit angehaltenem Atem drückst du auf die Taste mit der Aufschrift TRANSMISSION …

BLITZ!
Grelles Licht blendet dich. Kurz glaubst du, mit rasender Geschwindigkeit zu fallen, doch der Eindruck verfliegt rasch. Schon spürst du wieder festen Boden unter den Füßen. Vorsichtig öffnest du die Augen.
Du blinzelst, und allmählich schälen sich Formen aus den Schatten, die dich umgeben. Du erkennst massige Baumstämme, großblättrige Farne und Pilze, höher als du selbst. Riesige Insekten schwirren durch die feuchtwarme Luft. Es riecht nach Erde und Blütenpollen, wie in einem Gewächshaus.
Hat es geklappt? Bist du in der Urzeit? Aber weshalb ist es so düster um dich herum? Als du den Blick nach oben richtest, begreifst du: Die Äste und Blätter der Mangrovenbäume bilden hoch über deinem Kopf ein undurchdringliches Dach. Es ist dämmrig wie am späten Abend.
Plötzlich nimmst du aus dem Augenwinkel eine Bewegung wahr, dicht über dem Boden. Mehrere Eidechsen huschen zwischen den Grashalmen und Pilzen umher, auf der Suche nach Fressbarem. Die Tiere laufen auf den Hinterbeinen und sind etwa so groß wie Hühner. Dinosaurier!
»Compsognathus«, quäkt in diesem Moment eine seltsam blecherne Stimme. Sie kommt aus dem PorZeiTrans in deiner Hand. Eine Echse ist durch den Erfassungsbereich der Kamera geflitzt, und wie dein Onkel es versprochen hat, spuckt das Gerät sofort Informationen zu dieser Dino-Gattung aus. Das Display verrät dir, dass diese Tiere etwa 80 Zentimeter lang wurden und in der Jurazeit gelebt haben. Du bist tatsächlich in die Vergangenheit gereist. Zeit, sich ein wenig umzusehen!

TRENNE DIE NÄCHSTE DOPPELSEITE AUF!

Durch eine Lücke im Blätterdach machst du in der Ferne die steilen Hänge von etwas aus, das ein Berg oder ein inaktiver Vulkan sein könnte. Seine Flanken sind nur spärlich bewachsen, dort sollte es genügend direktes Sonnenlicht geben, um den PorZeiTrans wieder aufzuladen. Noch immer staunend, setzt du dich in diese Richtung in Bewegung.
Der Dschungel ringsum ist nahezu undurchdringlich, jedoch von einem Netz an Trampelpfaden durchzogen. Manche Urzeittiere scheinen immer denselben Routen zu Fressplätzen oder Wasserlöchern zu folgen. Da du kein Buschmesser bei dir hast, um dir einen Weg durchs Dickicht zu hacken, beschließt du, den Pfaden zu folgen.
Doch auch andere kennen diese Wege – und nutzen sie für ihre eigenen Zwecke! Dir bleibt vor Schreck fast das Herz stehen, als sich ein Stück voraus ein riesiger Echsenschädel mit merkwürdigen Auswüchsen aus dem Dickicht schiebt und hungrig den Pfad entlangspäht. Ein Ceratosaurier! Die großen zweibeinigen Fleischfresser patrouillieren die Trampelpfade in der Hoffnung auf Beute. Du musst einen Weg zum Vulkan finden, ohne auf einen von ihnen zu treffen, sonst ist es um dich geschehen!

An welcher Stelle erreichst du den Vulkan, wenn du ein Zusammentreffen mit allen Ceratosauriern vermeidest? Lies weiter auf der Seite mit dem entsprechenden Symbol.

START

Mit schier übermenschlichen Reflexen gelingt es dir, jedem der zwanzig Allosaurier durch blitzartige Sprünge oder hastige Sprints unter den Bäuchen der Apatosaurier hindurch auszuweichen. Dann ist die wilde Jagd plötzlich vorüber.

Mit zitternden Beinen stehst du da, während die plötzliche Ruhe schmerzhaft in deinen Ohren widerhallt. Das war knapp!

Du hast fürs Erste genug von Dinosauriern. Nichts wie zurück nach Hause!

Die Saurier-Stampede hat vor dir eine breite Bresche ins Dickicht geschlagen. Du folgst ihr eine Weile bergauf, doch irgendwann wird der Hang zu steil. Ohne Bergsteigerausrüstung kommst du hier nicht weiter. Du siehst dich um und entdeckst einen Hohlweg mit Wänden aus Geröll, der in einem weiten Bogen und mit deutlich sanfterer Steigung bergauf führt.

Als du die Einmündung des Weges erreichst, stellst du fest, dass er blockiert ist. Ein riesiger Dinosaurier steht darin und mampft in aller Seelenruhe Gras vom Boden. Er hat einen winzigen, spitzen Kopf und einen mit schwertartigen Stacheln besetzten Schwanz. Aus seinem Rücken ragen zwei Reihen eckiger Knochenplatten in die Höhe.

»Stegosaurus. Bis zu sieben Meter lang, Pflanzenfresser«, belehrt dich die Zeitmaschine.

Du atmest auf. Als Pflanzenfresser sollte der Stegosaurus dir nicht gefährlich werden.

Leider ist er zu breit, um sich an ihm vorbei den Hohlweg entlangzuquetschen.

Und zu allem Überfluss ist er nicht allein!

Hinter dem ersten Stegosaurus steht ein weiterer Dino grasend im Hohlweg, dahinter noch einer, dann noch einer … Insgesamt zählst du fünf der mächtigen Tiere.
Verflixt! So ist der Hohlweg für dich unpassierbar. Ob du die Tiere irgendwie herauslocken kannst? Dir fällt auf, dass die Saurier immer wieder die Hälse recken und versuchen, Büschel saftig grünen Mooses zu erreichen, die an den steinernen Wänden wuchern. Doch sie kommen nicht heran, das Moos sitzt zu weit oben.
Du hast eine Idee: Flink kletterst du an den Steinen empor, rupfst ein paar Büschel Moos ab und wirfst sie hinter dir aufs Plateau. Nichts passiert. Du rupfst noch ein Büschel ab, dann noch eins … Als zehn Moosbüschel beisammen sind, nimmt die Urechse ihre Witterung auf. Wie in Zeitlupe schiebt sie sich rückwärts aus dem engen Weg heraus und beginnt zu fressen. Begeistert machst du weiter. Doch rasch stellst du fest, dass du die Moosportionen immer mehr vergrößern musst, damit die Saurier, die weiter hinten im Weg stehen, ihren verlockenden Duft wahrnehmen können. Genügten für den ersten Saurier noch zehn, benötigst du für jeden weiteren Saurier doppelt so viele Büschel Moos wie für den vorigen.

Wie viele Büschel musst du für die vier verbleibenden Saurier pflücken? Teile dieZahl der erforderlichen Moosbüschel durch 5 und lies auf der entsprechenden Seite weiter.

Der Alte sieht dich verwundert an. »Das ist korrekt«, gibt er zu. »Meinen Respekt, Meister Agenor! Sodann will ich Euch Eure Frage beantworten: Der nächstgelegene Weg nach draußen liegt am anderen Ende eines Ganglabyrinths, das unser Herr errichten ließ, um seine Schatzkammer vor Eindringlingen von außen zu schützen. Es liegt am Ende des Ganges. Aus Sicherheitsgründen existiert kein Plan, nur einige Eingeweihte wissen um den kürzesten Weg hindurch – darunter ich.« Er wirft einen ängstlichen Blick in Richtung Tür. »Unglücklicherweise ist es mir nicht gestattet, mich mit Gästen des Herrn innerhalb des Tempels zu bewegen. Genau genommen dürfte ich nicht einmal mit Euch sprechen! Ich kann Euch den Weg hinaus also nicht selbst zeigen.« Ein gewitztes Grinsen huscht über sein bärtiges Gesicht. Er nimmt ein Stück Kreide vom Tisch und erhebt sich. »Gebt mir einen kurzen Vorsprung. Ich werde das Labyrinth durchqueren und an jedem Punkt, an dem Ihr die Richtung ändern müsst, einen Kreidepfeil am Boden anbringen. Sobald Ihr hindurch seid, kehre ich hierher zurück, wobei ich alle Pfeile wieder wegwische.«

Du stimmst zu, und der Gelehrte verschwindet. Du zählst langsam bis 100, dann machst auch du dich auf den Weg.

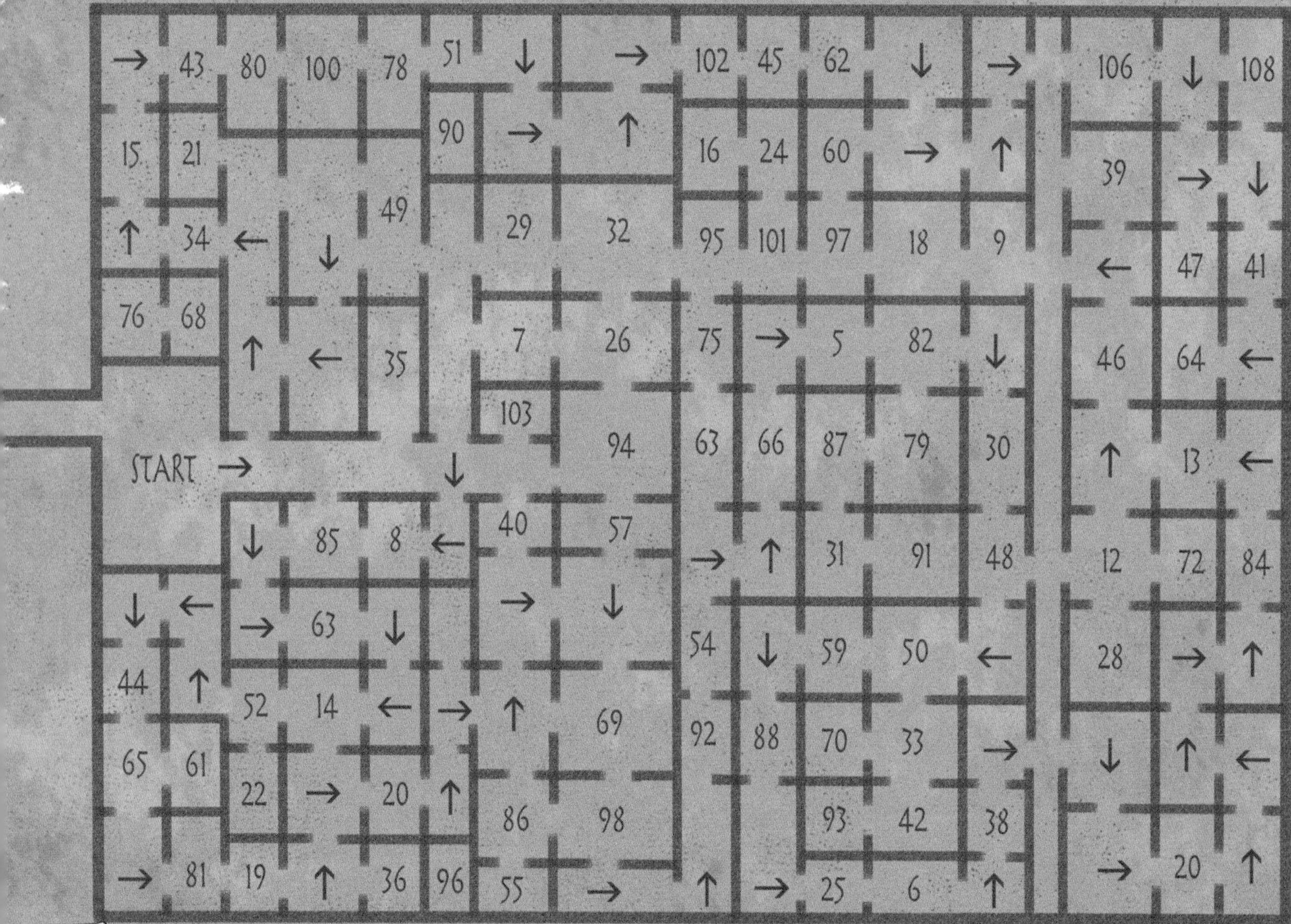
43
80
100
78
51
102
45
62
106
108
15
21
90
16
24
60
39
49
29
32
95
101
97
18
9
34
47
41
76
68
7
26
75
5
82
35
46
64
103
63
66
87
79
30
94
13
START
40
57
85
8
31
91
48
12
72
84
63
54
59
50
28
44
52
14
69
65
61
22
20
92
88
70
33
86
98
93
42
38
81
19
36
96
55
25
6
20

Bald schon endet der Korridor in einer Kammer, wo ein mit Hieroglyphen verziertes Portal den Beginn des Irrgartens markiert. Du ignorierst alle Abzweigungen, bis du auf dem Boden vor dir die erste der versprochenen Kreidemarkierungen entdeckst.
Durchquere das Labyrinth des Pharao, indem du den Pfeilen folgst!

In welchem Raum endet die Spur des Gelehrten? Lies weiter auf der entsprechenden Seite.

»Ganz genau! Sehr gut!« Der König strahlt dich an.
Du nutzt seine gute Laune aus und entschuldigst dich für einen Moment, um, wie du sagst, einem dringenden Bedürfnis nachzukommen. Der König nickt wohlwollend und konzentriert sich wieder auf den Turnierplatz, wo soeben die nächsten Ritter Aufstellung beziehen.
Zwischen zwei Ritterzelten, ein gutes Stück von der Tribüne entfernt, findest du ein Stück Wiese, das in prallem Sonnenlicht liegt. Du klappst den Solarkollektor des PorZeiTrans aus, und das Gerät beginnt zu laden.
Als es etwa bei 50 % ist, scheppert es ganz in deiner Nähe plötzlich ohrenbetäubend. Du zuckst vor Schreck so heftig zusammen, dass die Zeitmaschine dir aus den Fingern rutscht und auf den Boden fällt. Einen Moment später ertönt aus dem Zelt neben dir eine wütende Männerstimme: »Gütiger Gott, Anselmus! Du bist wirklich der dämlichste Knappe, der mir je untergekommen ist.«
Erleichtert hebst du das Tablet wieder auf. Der Balken steht auf 100 %, also drückst du auf TRANSMISSION …

BLITZ!

Dunkelheit. Der Boden schwankt. Ringsum ist ein beständiges Klatschen und Rauschen zu hören. Die Luft riecht muffig und ein wenig nach Fisch.

Was ist denn jetzt schon wieder los? Du aktivierst das Display des PorZeiTrans und siehst dich in seinem bescheidenen Lichtschein um.

Die Wände des Raumes, in dem du dich befindest, bestehen aus Holz und sind auf sonderbare Weise gebogen. Überall um dich herum stehen Kisten und Fässer gestapelt, dazwischen mannshohe, fest verschnürte Ballen aus Stoff oder Tuch. Kein Zweifel: Du bist im Frachtraum eines altertümlichen Segelschiffs. Also hat die Zeitmaschine es wieder mal vermasselt – vermutlich, weil sie dir im Mittelalter auf den Boden gekracht ist. Toll!

In der hölzernen Decke über dir entdeckst du eine Ladeluke. Leider befindet sie sich fast vier Meter über deinem Kopf, und eine Leiter oder etwas Ähnliches ist nirgends zu sehen. Wie sollst du sie erreichen?

Du versuchst, ein paar der Fässer und Kisten zu bewegen, doch sie sind alle bis zum Rand mit irgendetwas gefüllt und so schwer, dass du sie keinen Zentimeter bewegen kannst. Schließlich stößt du auf eine Truhe, die etwas leichter und außerdem nicht verschlossen ist. Du öffnest sie und stellst fest, dass sie sieben kleinere Kisten enthält, von denen jede einzelne wiederum vier noch kleinere Holzkästen enthält. Wenn du alle sorgfältig übereinanderstapelst, müsste dieser Turm bis zur Luke emporreichen …

Wie viele Kisten hast du insgesamt zur Verfügung? Lies weiter auf der Seite, die der Summe entspricht.

Dein urzeitliches Paddelbrett lässt sich gut manövrieren, und du bist aufmerksam genug, um alle Plesiosaurier schon früh genug auszumachen und in weitem Bogen zu umfahren. Unversehrt erreichst du das andere Flussufer, kletterst aus dem Wasser und suchst nach einer der sonnenüberfluteten Lichtungen, die du von drüben gesehen hast.

Als dir warme Sonne ins Gesicht strahlt, zückst du den PorZeiTrans und klappst den Solarkollektor aus. Sofort erscheint ein Ladebalken auf dem Display – der Akku beginnt mit dem Auftanken. Zum Glück geht es sehr schnell. Nach ein paar Minuten erscheint eine Schrift:

LADEVORGANG ABGESCHLOSSEN
ZEITREISE-FUNKTIONALITÄT WIEDER VERFÜGBAR

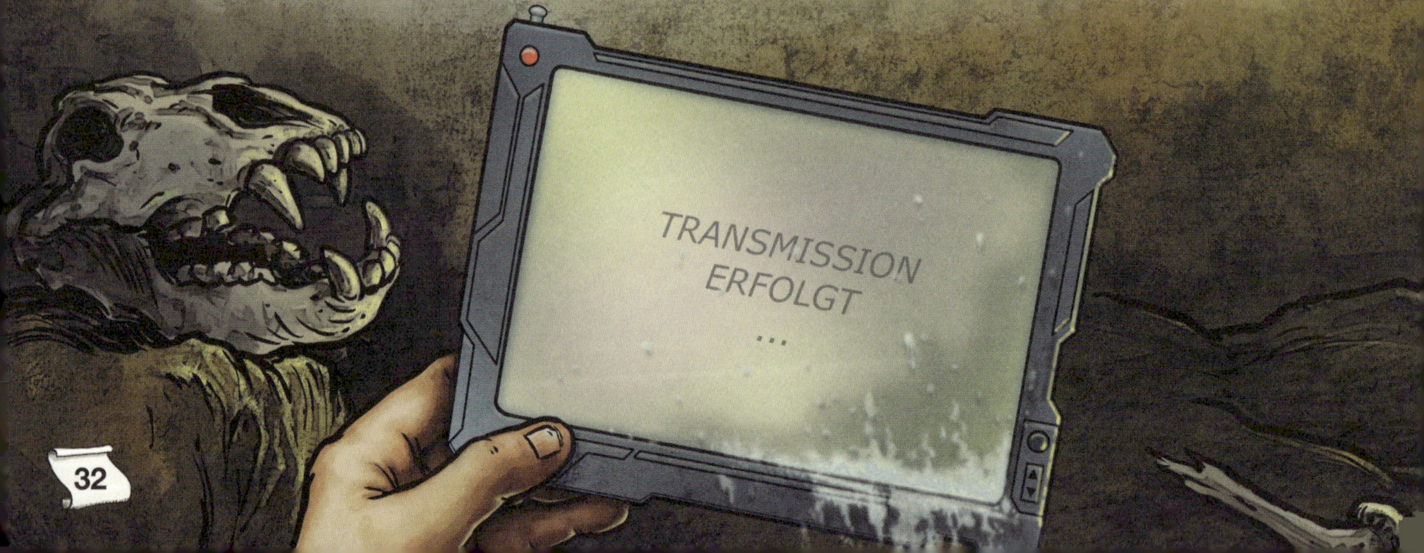

Endlich! Du stellst mit dem Drehregler das Datum deines Besuchs bei Onkel Ethan ein und drückst auf TRANSMISSION.

BLITZ!

Ein grelles Licht, ein kurzes Gefühl des Fallens. Blinzelnd schaust du dich um … Aber dies ist doch nicht das Labor von Professor Tusk!

Du stehst in einer dämmrigen Höhle. Im Licht einer Fackel kannst du primitive Malereien an den Wänden erkennen.

Was soll das? Wieso bist du nicht zurück in der Gegenwart? Du untersuchst den PorZeiTrans. Am Rand rinnt Wasser aus dem Gerät! Offenbar hat die Zeitmaschine dein Bad in dem urzeitlichen Fluss nicht gut überstanden. *Hoffentlich ist sie nicht hinüber!*, fährt es dir durch den Kopf. In diesem Moment wird es am anderen Ende der Höhle plötzlich laut …

Durch eine Tunnelöffnung betreten mehrere zottige Gestalten die Höhle. Sie wirken nicht viel größer als du, aber das mag täuschen, da sie sich gebückt bewegen. Sie tragen lediglich ein paar Stücke Fell oder Leder am Körper. Langes, verfilztes Haar hängt über primitive, an Affen erinnernde Gesichter.

Dir dämmert, wo du gelandet bist: Dies muss die Steinzeit sein – du bist immer noch mindestens 50 000 Jahre von deiner Zeit entfernt. Und diese Gestalten vor dir sind vermutlich Urahnen des modernen Menschen.

Als sie dich sehen, bleiben die Höhlenbewohner verwirrt stehen. Dann fällt ihr Blick auf die Wand mit den Höhlenmalereien, und sie brechen in wütendes Geheul aus. Ein Teil der Darstellungen ist aus der Wand gebröckelt und zu Boden gefallen, vielleicht als Folge eines kürzlichen Erdstoßes. Die Urmenschen scheinen zu glauben, du hättest ihre Galerie beschädigt!

Ein breitschultriger Höhlenbewohner, offenbar der Anführer der Rotte, tritt auf dich zu. Er hebt eine schwere Keule und sagt etwas, das klingt wie *»Glorrrmurglglorrm!«*. Der PorZeiTrans in deiner Hand piepst hilflos – kein Wunder: Diese Sprache ist selbst für den eingebauten Computer zu primitiv. Zum Glück verstehst du auch so, was der Urmensch von dir will: Du sollst die beschädigte Höhlenmalerei wieder vervollständigen!

Weißt du, welches Stück in die Höhlenmalerei eingesetzt werden muss, lies weiter auf der Seite mit dem entsprechenden Symbol.

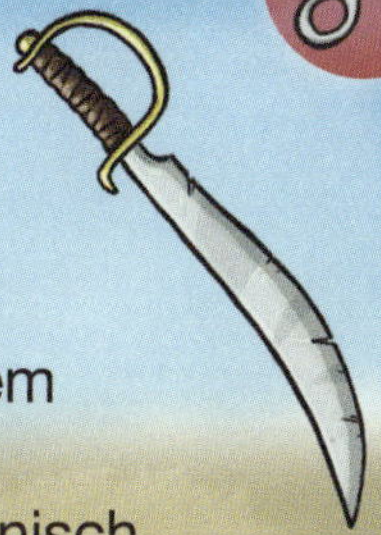

Vorsichtig erklimmst du den Kistenturm und stemmst dich mit der Schulter gegen die Luke. Sie gibt nach, und als du den Kopf hindurchsteckst, weht dir ein frische, salzige Brise entgegen. Erfreut kletterst du hinaus und siehst dich um. Du stehst an Deck eines historischen Segelschiffs. Drei hohe Masten ragen in den blauen Himmel auf, riesige Segel spannen sich knatternd im Wind. Noch etwas höher flattert eine schwarze Flagge. Eine schwarze Flagge mit etwas Weißem in der Mitte … Eine Piratenflagge!

Im selben Moment werden ringsum aufgeregte Stimmen laut. Sie scheinen Spanisch oder Portugiesisch zu sprechen, doch der PorZeiTrans übersetzt ihre Worte sofort:
»Seht da: ein blinder Passagier! Schnappt ihn!«
»Den lassen wir über die Planke gehen!«
Starke Hände packen dich, und ehe du dich's versiehst, bist du gefesselt und von einem Dutzend rauer Kerle umringt. Unrasierte, vernarbte Gesichter starren dich an. Klimpernde Ohrringe und verschwitzte Kopftücher weisen sie als echte Piraten aus. Was soll jetzt aus dir werden?
Unter lautem Gelächter schieben zwei von ihnen ein Brett durch eine Lücke in der Reling, bis es weit über die gischtende See hinausragt. Dann schleifen sie dich darauf zu …
»Ich … ich bin kein blinder Passagier!«, rufst du verzweifelt. »Ich bin ein Piratenanwärter. Bringt mich zu eurem Kapitän, dann wird sich die Sache rasch aufklären.«
Der PorZeiTrans, der irgendwo zwischen dir und dem Strick steckt, übersetzt deine Worte auf höchster Lautstärke. Verwirrt sehen die Piraten dich an, dann beraten sie sich kurz.
»Bringt ihn zu Kapitän Einohr«, ruft schließlich einer. »Besser, wir fragen ihn, bevor wir das Würstchen abmurksen. Sonst gibt es hinterher noch Ärger.«
Man zerrt dich zum Bug des Schiffs, wo sich in einem hohen Deckaufbau die Quartiere des Kapitäns befinden.

Smaragde
Rubine
Rubine & Smaragde

Kapitän Einohr ist ein massiger Mann mit borstigem Vollbart. Eines seiner Ohren fehlt, möglicherweise hat er es in einem Kampf verloren. Um die Stelle zu verdecken, trägt er eine Klappe aus schwarzem Stoff darüber.
Der Kapitän beäugt dich skeptisch. »Du willst also mit mir über deine Aufnahme in unsere Mannschaft gesprochen haben?«, schnauzt er. »Ich kann mich aber nicht entsinnen, dich schon mal gesehen zu haben. Dabei sollte ich mich an deine komischen Klamotten doch erinnern! Andererseits … Ich war am Abend vor dem Auslaufen ziemlich besoffen.« Er rülpst durchdringend. »Also schön! Die letzten Seegefechte haben unsere Mannschaft ziemlich schrumpfen lassen, wir könnten etwas Verstärkung gut brauchen.« Er schlägt mit der Faust auf den Tisch. »Aber damit das klar ist: Kapitän Einohr heuert keine Idioten an!« Mit diesen Worten springt er vom Tisch auf und zerrt dich in einen angrenzenden Raum. Dies muss die Schatzkammer des Piratenschiffs sein, denn sie ist gefüllt mit Kisten, Vasen und Schalen voller Schmuckstücke. Kapitän Einohr deutet auf drei kleine Truhen. »Gib acht, Landratte! Hier kommt deine Aufnahmeprüfung: Diese drei Kisten raubten meine Jungs von einem spanischen Handelsschiff. Eine enthält Smaragde, eine andere Rubine, die dritte beide Edelsteinsorten gemischt. Während des Raubzugs goss es wie aus Kübeln, weswegen sich die Etiketten von den Kisten lösten. Meine Männer pappten sie wieder drauf, aber sie sind sicher, dass jetzt jedes Schild auf einer falschen Kiste klebt.« Er funkelt dich an. »Durch die Schlüssellöcher kann man jeweils einen einzigen Stein des Inhalts erkennen. In welche Kiste musst du spicken, um mir sagen zu können, was sich in jeder der drei befindet?«

Weißt du die Antwort, lies weiter auf der Seite mit dem entsprechenden Symbol.

Deine Antwort war korrekt! Der Wachmann öffnet die Tür und lässt dich ein. Er erweist sich als riesenhafter Mann mit nacktem Oberkörper, langem schwarzem Haar und bronzefarbener Haut. Mit einem Kopfnicken gehst du an ihm vorüber, doch er kümmert sich gar nicht um dich, sondern verriegelt bloß ungerührt wieder die Tür. Dahinter schließt sich ein Gang an, dessen Decke von dicken Säulen getragen wird. Du folgst ihm, bis auf der rechten Seite eine Türöffnung auftaucht. Neugierig wirfst du einen Blick hinein. Der Raum dahinter scheint eine Art Studierzimmer zu sein. An den Wänden stehen Regale voller Pergamentrollen, in der Mitte gibt es einen aus schwarzem Stein gehauenen Arbeitstisch. Ein alter Mann, offenbar ein Gelehrter, sitzt dahinter, vertieft in die Arbeit mit mehreren großen Waagen. Nach ein paar Sekunden blickt er unvermittelt auf und sieht dich. Verwundert sagt er etwas auf Ägyptisch. Du wirfst einen Blick auf denPorZeiTrans und entdeckst eine Taste, auf der Akustische Übersetzung steht. Du drückst sie. Prompt ertönen leise Worte aus dem Tablet: *»… bist du, und was ist dein Begehr?«* Du beschließt, den Alten um Hilfe zu bitten, um irgendwie ins Freie zu gelangen.

Du erklärst dem Gelehrten, du wärst ein Gast des Pharao aus einem fernen Land und hättest dich in der Anlage verlaufen. Ob er dir den Weg zum nächsten Ausgang weisen könne?

Du sprichst ganz leise und drehst stattdessen die Lautstärke des PorZeiTrans voll auf, aber natürlich merkt der Alte rasch, dass die quäkige Stimme, die er hört, nicht deine eigene ist. Mit gehobenen Brauen starrt er in die dunkle Öffnung deiner Kapuze. Dein Auftreten scheint ihm nicht geheuer zu sein. Andererseits ist er offenbar sehr darauf bedacht, einem Gast seines Herrschers den gebührenden Respekt zu erweisen.

»Ein Gast aus fernem Lande?«, wiederholt er skeptisch. »Dann müsst Ihr Meister Agenor aus Phönizien sein, der geniale Mathematiker. Andere Gäste hat unser Herr zurzeit nicht.« Erneut mustert er dich zweifelnd. Dann streift sein Blick die Waage auf dem Tisch, und er lächelt. »Wenn Ihr Meister Agenor seid, wird es Euch sicher nichts ausmachen, mir bei einem kleinen rechnerischen Problem zur Hand zu gehen, bevor ich Euch die gewünschte Auskunft gebe.« Er zeigt auf die Waage. »Der Schatzmeister hat kürzlich einige kostbare Schmuckstücke für unseren Herrn erworben. Ich bin gerade dabei, ihre Güte und ihr Gewicht zu überprüfen. Könnt Ihr mir sagen, welches Schmuckstück ich noch in die rechte Schale der unteren Waage legen muss, damit auch diese im Gleichgewicht ist?«

Wenn du die Lösung weißt, lies weiter auf der Seite mit dem entsprechenden Symbol.

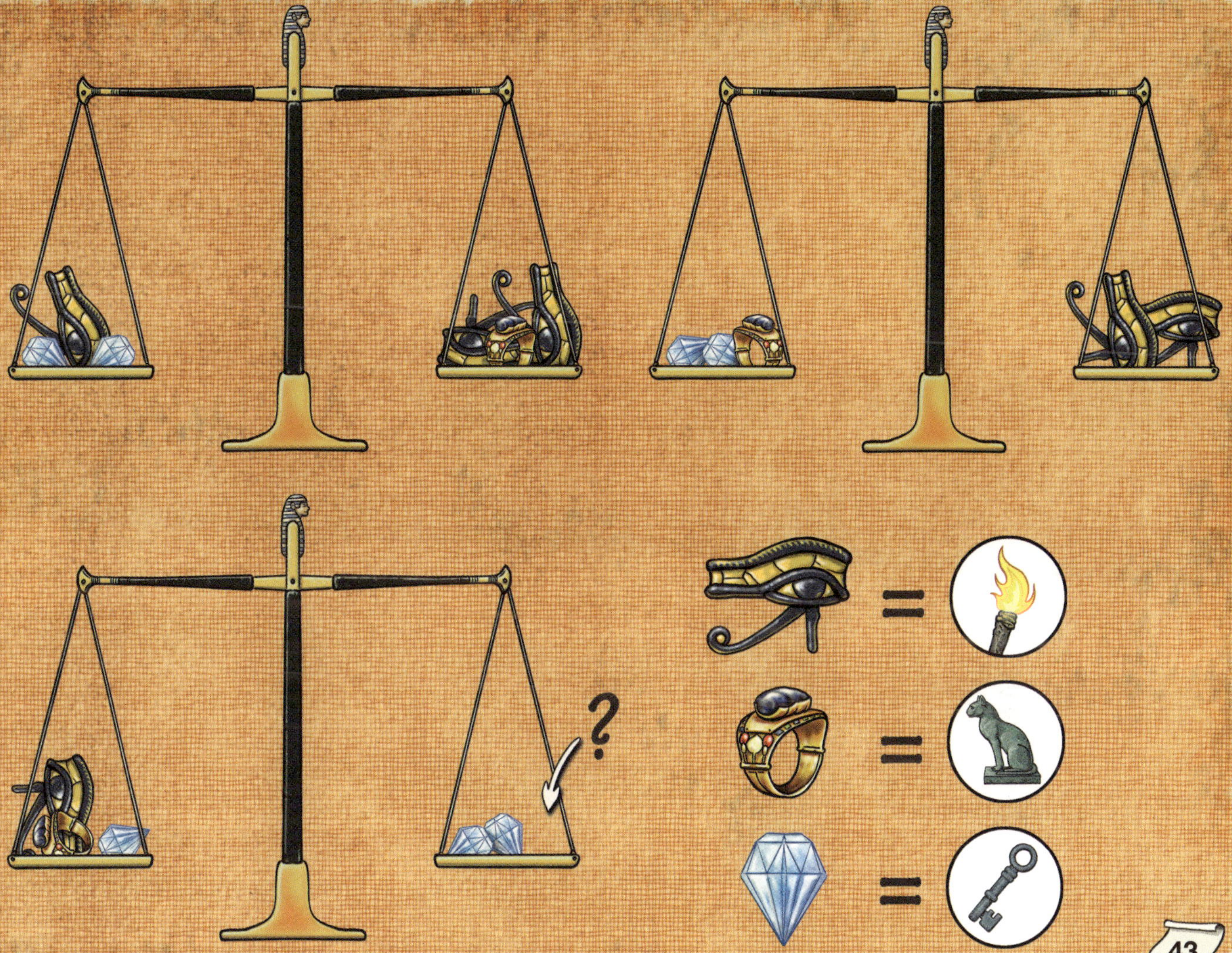

Klaatus Augen weiten sich, als du ihm das von seinem Widersacher hinzugefügte Zeichen zeigst. Sofort beginnt er, das Zeichen mit einem Steinkeil zu zerstören. Roonu klatscht in die Hände und lacht.
Als der Alte fertig ist, erinnerst du ihn an sein Versprechen, dich aus den Höhlen seines Stammes nach draußen zu bringen. Klaatu denkt einen Augenblick nach. Dann malt er etwas in den Staub des Höhlenbodens, das du als Kopf eines Säbelzahntigers erkennst. Er deutet in die Richtung, aus der du seine Höhle betreten hast, und schüttelt den Kopf. Du begreifst: Vor dem Haupteingang des Höhlensystems scheinen sich mehrere dieser gefährlichen Raubkatzen niedergelassen zu haben. Dort hinauszugehen, könnte sich als sehr gefährlich erweisen.
Der alte Mann wechselt erneut einige Worte mit Roonu, die daraufhin davoneilt. Wenige Minuten später ist sie zurück. An ihrer Seite ist ein junger Urmensch, vielleicht zwei Jahre älter als du und recht kräftig. Er heißt Bornt und scheint Roonus Bruder zu sein. Offenbar soll er euch auf eurem Weg zu einem geheimen Hinterausgang der Höhlen begleiten.
Klaatu nimmt ein brennendes Holzscheit aus dem Feuer und marschiert durch einen zweiten Tunnel davon. Die Urmenschengeschwister folgen ihm, du ebenso.

Für eine kleine Ewigkeit wandert ihr durch finstere Tunnel und Gänge. Schließlich weitet sich der Gang zu einem Gewölbe, das von einer breiten Schlucht in zwei Hälften geteilt wird. Eine primitive Hängebrücke aus geflochtenen Lianen führt zur anderen Seite hinüber. Die Höhlenmenschen bleiben stehen. An ihren angstvoll in die Höhe gerichteten Blicken merkst du, dass etwas nicht stimmt.

Als du Klaatu fragend anschaust, erklärt er mit hektischen Gesten, dass diese Brücke den einzigen Weg zum Hinterausgang des Höhlensystems darstellt. Unglücklicherweise haben sich unter der Höhlendecke riesige Fledermäuse eingenistet. Jeden, der die Brücke ohne offenes Feuer zu überqueren versucht, attackieren sie, sodass er über die dünne seitliche Führungsschnur in die Tiefe stürzt. Erschwerend komme hinzu, dass die Brücke maximal zwei Personen auf einmal trägt.

Da ihr nur eine Fackel habt, muss also eine Person die Brücke mehrmals überqueren, damit das Feuer immer mit von der Partie ist. Am besten geeignet dafür scheint die leichtfüßige Roonu. Sie dürfte höchstens eine Minute brauchen, um die schwankende Brücke zu überqueren. Ihr Bruder müsste es in der doppelten Zeit schaffen, du in höchstens vier Minuten. Der klapprige alte Klaatu hingegen braucht bestimmt zehn Minuten bis zur anderen Seite. Wie lange dauert es, bis alle im Schutz der Fackel auf der anderen Seite ankommen?

Weißt du die Antwort, multipliziere sie mit 4 und lies weiter auf der Seite, die dem Ergebnis entspricht.

Unbeschadet erreichst du die unteren Hänge des Vulkans. Noch immer herrscht schattiges Zwielicht, erst auf halber Höhe werden die Bäume allmählich spärlicher. Du willst dich gerade nach einem bequemen Weg nach oben umsehen, da beginnt der Boden unter deinen Füßen plötzlich zu beben, in der Ferne donnert es. Ganz in deiner Nähe ertönen berstende Geräusche, als würde irgendwo Holz brechen. Das ist kein gutes Zeichen!

Schon stürzen etwa fünfzig Meter entfernt mehrere Bäume um. Unter ohrenbetäubendem Getöse brechen gigantische Langhalssaurier aus dem Unterholz hervor und walzen wie eine Wand aus Fleisch auf dich zu! Es sind Apatosaurier, und dem panischen Flackern in ihren winzigen Schweinsäuglein nach zu urteilen, sind sie vor irgendetwas auf der Flucht …

TRENNE DIE NÄCHSTE DOPPELSEITE AUF!

Hinter den fliehenden Apatosauriern springen weitere Urechsen aus dem Dickicht, diese allerdings auf zwei schnellen, kräftigen Hinterbeinen. Du musst die Datenbank der Zeitmaschine nicht befragen, um zu wissen, worum es sich handelt: Dies sind Allosaurier, nach dem T-Rex die gefährlichsten Fleischfresser, die je gelebt haben!

Schon haben dich die ersten flüchtenden Langhälse erreicht. Ihre plumpen Beine sind dick wie Säulen, du kannst ihnen durch rasche Sprünge mühelos ausweichen. Gefährlicher sind ihre Verfolger: Die Allosaurier sind schneller und klüger als ihre Beute. Um ihnen zu entgehen, musst du deine ganze Intelligenz aufbieten. Schon bist du umringt

von trötenden, brüllenden, rennenden Sauriern, siehst nichts mehr außer stampfenden Beinen und hoch über dir funkelnde Augen … In dem Chaos zählst du 98 Augen und 156 Beine.

Wie viele Allosaurier sind an der Jagd beteiligt? Nur wenn du ihre Zahl ermitteln kannst, hast du eine Chance, allen auszuweichen. Lies weiter auf der Seite, die der Anzahl der Allosaurier entspricht.

Da du keine Lust hast, den Fluch des Pharaos auf dich zu lenken, entscheidest du dich für den Ausgang mit der Herrschermaske. Du folgst einem niedrigen, von Fackeln erleuchteten Korridor, bis vor dir ein erleuchteter Durchgang auftaucht. Vorsichtig schleichst du näher und wirfst einen Blick in den dahinterliegenden Raum.

Es handelt sich um eine quadratische Kammer, in die Gänge aus verschiedenen Richtungen münden. An einer Wand hängen an Haken mehrere lange Kapuzenmäntel. Auf der anderen Seite gibt es eine schwere Eisentür.

Du weichst erschrocken in den Schatten der Tunnelmündung zurück, als aus dem Korridor links plötzlich ein Mann in einem Kapuzenmantel auftaucht. Er tritt vor die Eisentür und klopft. Sofort öffnet sich ein Schiebefenster, und ein Wachposten schaut heraus. Er sagt etwas auf Ägyptisch. Zum Glück spricht er laut genug, dass das Mikrofon des PorZeiTrans es auffangen kann. Auf dem Display erscheint eine Übersetzung: »Drei.«

Der Mann vor der Tür hebt vier Finger. Prompt öffnet sich die Tür, der Mann tritt hindurch, die Tür schließt sich wieder.

Ein paar Minuten später erscheint ein weiterer Mann und klopft an die Tür. Der Wächter öffnet und sagt auf Ägyptisch: »Sechs.« Der Neuankömmling zeigt fünf Finger und wird eingelassen. Ein dritter Kapuzenträger erscheint. Diesmal sagt der Wächter: »Sieben.« Der Mann signalisiert mit beiden Händen die Zahl Sechs und darf eintreten.

Hinter der Tür muss sich etwas Wichtiges befinden. Vielleicht ein Ausgang in die Freiheit? Du musst es herausfinden!

Du wartest, bis sich das Fenster in der Tür wieder geschlossen hat, dann huschst du lautlos in die Kammer. Zur Tarnung schnappst du dir einen Mantel von der Wand und streifst ihn über. Die Kapuze ziehst du dir tief ins Gesicht, sodass es vollständig im Schatten liegt. Dann klopfst du an die eiserne Tür.
Sofort öffnet sich das Fenster. Die Stimme aus dem Innern sagt etwas. Ein rascher Blick auf den PorZeiTrans unter deiner Kutte verrät dir die Übersetzung: »Vier.«
Wie viele Finger hältst du in die Höhe?

Multipliziere die Zahl der Finger, die du vorzeigen willst, mit 10 und lies weiter auf der Seite, die dem Ergebnis entspricht!

Als du die Steine abzählst wie angegeben, stößt du auf einen, der einen Fingerbreit weiter aus der Wand hervorsteht. Vorsichtig ziehst du ihn heraus. In einem Hohlraum dahinter liegt ein sonderbar gebogenes Stück Metall. Ein Dietrich! Du greifst durch die Gitterstäbe und stocherst angestrengt damit im Schloss herum. *Klick*. Die Tür ist offen!

Der Korridor vor den Gitterstäben führt vorbei an weiteren Kerkerzellen. Alle sind leer. Durch eine massive Holztür gelangst du in einen steil aufwärts führenden Korridor. Hohe Butzenglasfenster auf der linken Seite lassen gedämpftes Tageslicht ein. Es ist zu schwach, um die Zeitmaschine zu laden, aber stark genug, um eine imposante Reihe von Ritterschilden auf der gegenüberliegenden Seite zu erhellen. Dir dämmert, in welcher Epoche du dich befindest: Dies muss das Mittelalter sein! Neben dir taucht eine grün gestrichene Tür auf. In Runenschrift steht darauf:

MEISTER MORLYN, HOFMAGIER

Du hast keine Ahnung, wo sich der Ausgang aus dieser Burganlage befindet, daher versuchst du dein Glück: Du klopfst an und drückst die Klinke herunter.

Der Raum hinter der Tür erinnert dich an das Labor von Onkel Ethan, nur viel altmodischer: Auf Tischen brodeln verschiedenfarbige Flüssigkeiten über glühenden Kohlen, Dampf hängt in der Luft, es riecht nach Schwefel und verkohltem Holz. Ein Männlein in wehender Kutte flitzt zwischen den Versuchsaufbauten hin und her. Es trägt einen kegelförmigen Hut mit fremdartigen Symbolen darauf. Als du eintrittst, schnauzt es, ohne sich umzudrehen: »Was ist? Hat man dir nicht gesagt, dass ich beschäftigt bin?« Zum Glück hat die Zeitmaschine auch dieses Mal keine Probleme, seine Sprache, die wie eine alte Version des Englischen klingt, für dich zu übersetzen. Als das Männlein die Roboterstimme vernimmt, wirbelt es herum.

Der Hofmagier sieht deine Kleidung und den PorZeiTrans in deiner Hand, und seine Augen weiten sich. »Du bist … Ihr seid ebenfalls Zauberer?«, haucht er. »Ein Kollege aus dem Ausland?«

Du überlegst blitzschnell, dann nickst du. Du erklärst Meister Morlyn, ein fehlgeschlagener Zauberspruch hätte dich in die Burg seines Königs verschlagen, weshalb du sie so schnell wie möglich wieder verlassen möchtest.

Der Hofmagier, noch immer staunend, schüttelt langsam den Kopf. »Ich fürchte, das könnte schwierig werden. Unser gütiger König befürchtet derzeit einen Anschlag durch Handlanger eines feindlichen Adeligen. Er hat die Wachen an allen Toren verstärken lassen, auch im Innern patrouillieren Bewaffnete. Sie haben den Auftrag, jeden zu töten, den sie unberechtigt in der Burg antreffen.« Meister Morlyn überlegt. »Lediglich der König selbst könnte dafür sorgen, dass Ihr am Leben bleibt. Aber dazu müsste ich Euch irgendwie eine Audienz bei Seiner Hoheit verschaffen.«

»Würdet Ihr das tun?«, fragst du voller Hoffnung.

Der Hofmagier überlegt, dann nickt er. »Wenn Ihr mir ebenfalls einen Gefallen tut!« Er breitet ein Pergament vor dir aus. »Meister Nikothem, ein Kollege aus der benachbarten Grafschaft, schickt mir regelmäßig unverschämte Rätsel. Kann ich sie nicht beantworten, verhöhnt er mich beim jährlichen Treffen unserer Zunft. Dies ist seine neueste Aufgabe für mich – und wie so oft bin ich völlig ratlos. Könnt Ihr mir die Lösung sagen, will ich eine Audienz beim König für Euch erwirken!«

Weißt du die Lösung der Gleichung, lies weiter auf der Seite, die dem Ergebnis entspricht.

Als der letzte Stegosaurus träge den Hohlweg verlässt, huschst du hinein. Du folgst dem Pfad bergauf, und bald werden die Wände immer niedriger. Schließlich stehst du wieder im Freien, auf einem hoch gelegenen Felsplateau, das von einem Fluss in zwei Hälften geteilt wird. Auf deiner Seite des Wasserlaufs stehen noch recht viele Bäume, Flecken mit direkter Sonneneinstrahlung sind Mangelware. Auf der anderen Seite, jenseits des Flusses, gibt es dagegen größere Lichtungen mit viel Licht. Also hinüber!

Zielstrebig marschierst du auf den Fluss zu. An der schmalsten Stelle ist er etwa zwanzig Meter breit. Am Ufer liegen zahlreiche dicke Äste herum. Wenn du dich mit dem Oberkörper auf einen legen würdest, könntest du bequem damit zur anderen Seite hinüberpaddeln …

Du ziehst einen Ast ins Wasser – da durchbricht ein Stück rechts von dir etwas Langes, Dünnes die Oberfläche und verschwindet wieder!

Ein paar Sekunden später platscht es wieder, diesmal zu deiner Linken. Blitzschnell richtest du die Kamera des PorZeiTrans auf die Stelle. *»Plesiosaurus«*, quäkt die Computerstimme prompt. *»Circa fünf Meter lang, schneller Schwimmer. Fleischfresser.«*

Das hat dir gerade noch gefehlt! Wie sollst du jetzt über den Fluss kommen? Immer mehr schmale, graublaue Köpfe auf langen, schwanenartigen Hälsen schießen aus dem Wasser. Es scheint sich um einen richtigen Schwarm von Plesiosauriern zu handeln. Allerdings hat es den Anschein, als wären die Bestien unter Wasser mit irgendetwas beschäftigt. Vielleicht ist vorhin einer der fliehenden Apatosaurier in den Fluss gestürzt, und die Wasserräuber tun sich jetzt an dem Kadaver gütlich?

Wenn du an Sonnenenergie kommen willst, musst du es riskieren! Vorsichtig schiebst du den Ast ins Wasser und gleitest lautlos hinter ihm in das kühle Nass. Jetzt musst du nur noch allen Plesiosauriern ausweichen!

Wie viele Plesiosaurier siehst du? Lies weiter auf der Seite, die ihrer Anzahl entspricht.

Dein Weg endet in einer Kammer vor einer breiten Steintreppe. Am oberen Ende ist heller Sonnenschein zu sehen. Du steigst hinauf und findest dich in der Eingangshalle eines großen Tempels wieder. Draußen, vor dem offenen Eingangstor, flimmert die Luft über einer Wüstenlandschaft mit sanft geschwungenen Dünen. Zwischen zwei Wachsoldaten in prächtigen ägyptischen Gewändern hindurch trittst du ins Freie. Sie beachten dich nicht – kein Wunder, du trägst ja nach wie vor deinen Kapuzenmantel zur Tarnung.

Heißer Wüstenwind peitscht dir ins Gesicht, Sandkörnchen prasseln wie Hagel auf deine Haut. Es ist unvorstellbar heiß.
Du wanderst ein Stück in die Wüste hinaus. Sobald du einige Dünen zwischen dich und den Tempel gebracht hast, zückst du den PorZeiTrans, klappst den Solarkollektor aus und stellst ihn vor dir in den Sand, damit er aufladen kann. Dann schlüpfst du aus dem Kapuzenmantel und wirfst ihn fort.
Bald steht der Ladebalken auf voll. Du hebst das Gerät auf, vergewisserst dich, dass als Ziel nach wie vor die Gegenwart eingestellt ist, und drückst aufs Knöpfchen ...

BLITZ!

Noch bevor sich deine Augen richtig von dem grellen Licht erholt haben, merkst du, dass schon wieder etwas schiefgegangen ist: Erneut ist es viel zu dunkel um dich herum. Dies ist doch niemals das Labor deines Onkels!

Du befindest dich in einer engen Kerkerzelle. Feuchtigkeit glitzert auf grob gehauenen Mauersteinen, in der Ferne ist das Quieken von Ratten zu hören. Eine Seite des kleinen Raumes besteht aus unterarmdicken Metallstangen, die vom Boden zur Decke reichen. In der hinteren Ecke liegt etwas Stroh auf dem Boden, offenbar zum Schlafen. Wo bist du diesmal bloß gelandet – und warum?

Als du den PorZeiTrans untersuchst, rieselt dir aus mehreren ungeschützten Mikro-USB-Buchsen ein Häufchen Sand entgegen. Verflixt noch mal – dieses Ding ist aber auch empfindlich! Du nimmst dir vor, dich bei deinem Onkel zu beschweren, wenn du wieder nach Hause kommst … *Falls* du je wieder nach Hause kommst!

Dafür musst du zunächst mal aus dieser Zelle raus! In der Gitterwand gibt es zwar eine Tür mit einem primitiven Schloss, aber dieses ist verriegelt. An der Rückwand der Zelle stößt du auf eine Anzahl von Schriftzeichen, die offenbar von einem früheren Insassen eingeritzt wurden. Sie sehen fremdartig und alt aus, aber einmal mehr weiß die Datenbank der Zeitmaschine Rat und stellt dir eine Übersetzungstabelle zur Verfügung.

Kannst du die Nachricht entziffern, lies weiter auf der Seite, deren Symbol darin erwähnt wird.

f
u
th
o
r
k
c
ia
g
w
h
n
i
j
ch
p
v
s
t
b
e
m
l
ng
oe
d
z
a
ae
y
ea

Der Kapitän folgt deinen Anweisungen, und tatsächlich stoßt ihr am Fuß eines Berges am östlichen Rand des Gebirges auf den Eingang einer Höhle. Leider ist er mit einer Steinplatte verrammelt, einen Mann breit und zwei hoch. Egal, wo die Piraten Holzlatten als Hebel ansetzen, die Platte lässt sich nicht bewegen.

»Beim furzenden Klabauter!«, flucht Kapitän Einohr. »Jetzt haben wir den Schatz gefunden und können doch nicht ran. Hört her, ihr faulen Hunde: Wer mir diese Höhle öffnet, dem erfülle ich jeden Wunsch!«

Das ist deine Chance! Mittlerweile brennt die Sonne heiß vom Himmel, doch solange du von Piraten umringt bist, traust du dich nicht, den PorZeiTrans hervorzuholen. Wenn es dir gelänge, die Höhle zu öffnen, könntest du dir vom Kapitän wünschen, einen Spaziergang über die Insel zu machen – allein!

Konzentriert untersuchst du die Steinplatte vor dem Höhleneingang …

Im oberen Drittel des tonnenschweren Steins entdeckst du eine eingemeißelte Inschrift. Wind und Wetter haben die Buchstaben so stark abgeschliffen, dass keiner der Piraten sie bemerkt hat. Du kneifst die Augen zusammen und liest, was auf dem Stein geschrieben steht.

Kannst du diese Nachricht entziffern, lies weiter auf der Seite, die der einzigen Zahl entspricht, die im Text vorkommt.

HI ERLI EGT ME INSCH ATZ, DENIC HINJ AHRZ EHN TEND ESRA
UBEN SUND MOR DENSZ USAM MENGE TRAG ENH AB E, SECH SUND
NE UNZI GKI STENVOL LERG OLD, ED ELSTE INEUN DGESCH ME IDE.
WERES MITME IN EMP LANBI SHIER HERGE SCHAFF THAT
UNDKLUGG EN UGIST, DIE SEWOR TEZU VERS TE HEN, DERWIS SE:
DIESTE IN PLAT TEBE WEG TEIN ME CHANI SMUS, DERMI TEI NEM
HEB ELAU SGELÖ STWIRD. ERBE FIND ETSI CHUNT EREIN EMFEL
SÜBER HANGE INEN STE INW UR FNÖR DLICH VONH IER .

GEZE ICH NET: DERVI OLET TEKOR SAR

Dir schlägt das Herz bis zum Hals, als du an Roonus Seite die wacklige Brücke überquerst. Aber die Konstruktion hält. Nach insgesamt 18 Minuten findet ihr euch alle wohlbehalten auf der anderen Seite der Schlucht wieder und könnt euren Weg fortsetzen. Nach einer weiteren Stunde erreicht ihr einen finsteren Durchgang. Daneben liegt ein Haufen langer Holzscheite auf dem Boden. Bornt entzündet mehrere mit der beinahe heruntergebrannten Fackel und drückt dir eins davon in die Hand. Dann tritt Klaatu vor und macht dir mittels Zeichen deutlich, dass jenseits des Durchgangs ein Labyrinth aus Stollen liegt – das letzte Hindernis, das dich von der Freiheit trennt. Leider wagen es die Höhlenmenschen nicht, diesen Bereich der Höhlen zu betreten, da er zum Revier jenes anderen Stammes gehört, mit dem sie verfeindet sind.
Wie es aussieht, musst du diese Hürde allein meistern ...

Klaatu hebt die Hände, um dir den richtigen Weg zu beschreiben. Er signalisiert »geradeaus über eine Kreuzung, dann rechts, dann gleich wieder links«. Danach sollst du dich immer geradeaus halten und dabei drei Höhleneingänge passieren. Sobald zu deiner Linken ein vierter auftaucht, sollst du diesen betreten und den dahinterliegenden Raum durchqueren. So – zumindest glaubst du dies den Gesten des alten Höhlenmenschen zu entnehmen – sollst du in einen Raum gelangen, dessen Decke teilweise eingestürzt ist. Über die Trümmer könntest du durch eine Öffnung in der Decke ins Freie klettern.
Du prägst dir die Anweisungen gut ein, dann verabschiedest du dich von den Urmenschen und dankst ihnen für ihre Hilfe. Du weißt nicht, wie viel sie verstehen, aber als du durch die Höhlenöffnung trittst, winkt Roonu dir zum Abschied besorgt nach.

Welcher Raum ist der mit der eingestürzten Decke? Lies weiter auf der Seite, die seiner Nummer entspricht.

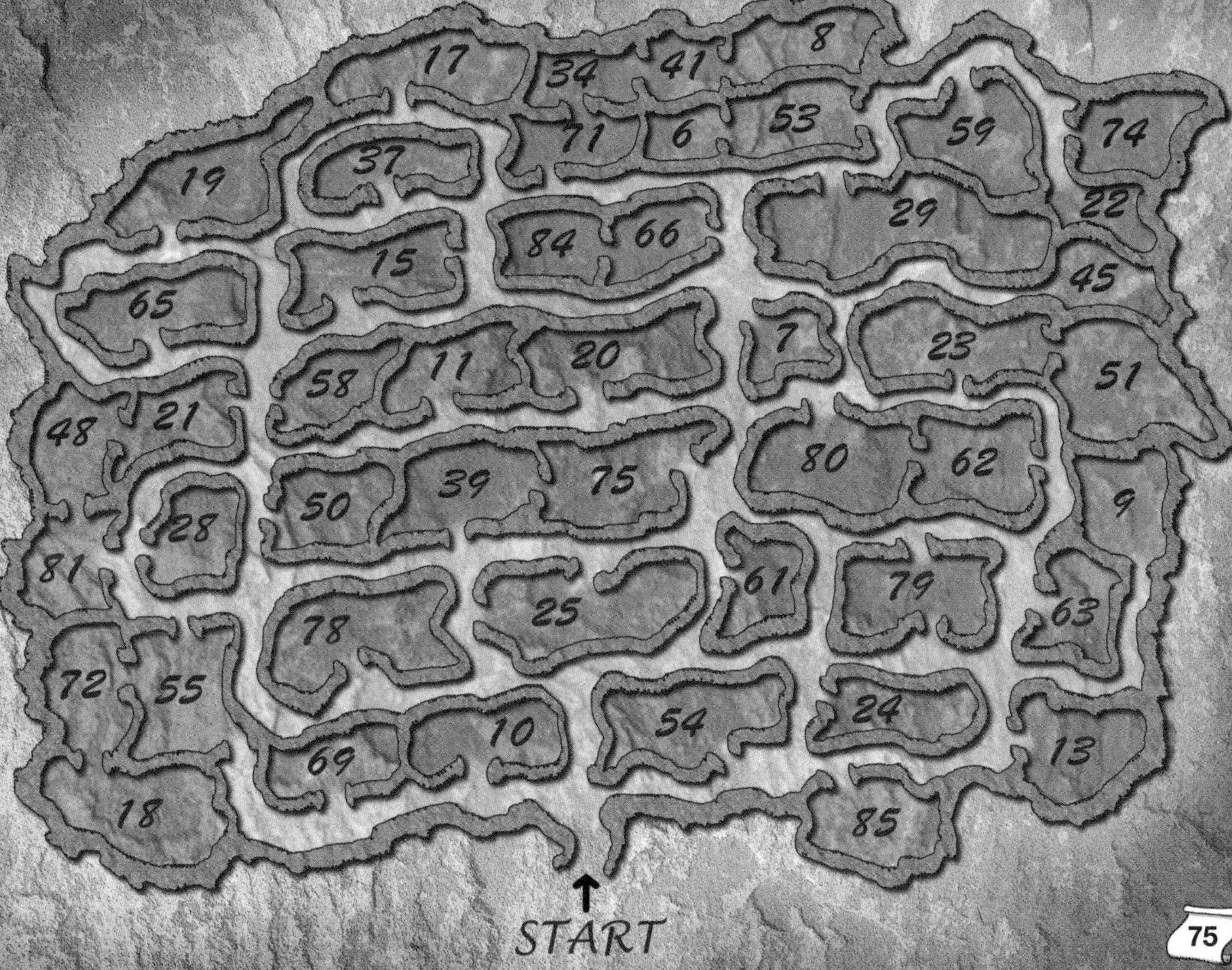
17
34
41
8
53
6
71
59
74
19
37
29
22
84
66
15
45
65
7
23
58
11
20
51
48
21
80
62
50
39
75
9
28
81
61
79
63
78
25
72
55
24
54
10
69
13
18
85
START

Zuversichtlich drückst du die Klinke der ausgewählten Tür hinunter und trittst hindurch. Keiner der Wächter hält dich auf. Du gelangst in einen großen Saal. Säulen stützen eine hohe Decke, die Wände sind dekoriert mit prächtigen Schilden und Gemälden. Am entfernten Ende ragt auf einem Podest ein prächtiger Thron empor. Ein dicklicher Mann in einem roten Samtumhang sitzt darauf, umringt von einem guten Dutzend Soldaten. Als er dich sieht, kommt er mit ausgestreckten Armen die Stufen hinunter. »Ah, der angekündigte Besuch! Du musst der Kollege von Meister Morlyn sein. Und natürlich hat dich mein kleines Rätselspiel mit den Wachen nicht vor Probleme gestellt.« Der König hat ein freundliches rosafarbenes Schweinchengesicht. Doch weitere bewaffnete Wächter zwischen den Säulen – noch einmal rund zwanzig auf jeder Seite – erinnern dich an die angespannte Stimmung, in welcher der König sich wegen der Morddrohung momentan befindet. Du solltest also vorsichtig bleiben.

»Meister Morlyn hat mir dein Ansinnen geschildert und sich für dich verbürgt«, fährt der König fort. »Du bist nur versehentlich, als Folge eines fehlgeschlagenen Zauberspruchs in meine Burg gekommen, daher darfst du gehen, wann immer du willst. Nichts soll dir hier geschehen.«

Er deutet zu einem Fenster des Thronsaals. Darunter liegt eine große Festwiese, auf der bunte Zelte und eine Tribüne aus Holz aufgebaut sind. »Wie es der Zufall will, halten wir heute unser alljährliches Ritterturnier ab«, erklärt der König. »Ritter aus den umliegenden Gemarkungen treten im Lanzengang gegeneinander an. Vielleicht hast du Lust, dir die Kämpfe anzusehen, bevor du uns wieder verlässt?«

Du musst nicht lange überlegen. Wer würde so ein Angebot ablehnen: ein echtes Ritterturnier! Begeistert stimmst du zu.

Begleitet von bewaffneten Soldaten, macht ihr euch auf den Weg nach draußen. Auf der Festwiese ist einiges los: Schaulustige drängen sich um die Turnierfläche, Gaukler und Jongleure erheitern das Publikum, Verkaufsstände bieten Met und gebratenes Fleisch an.

Als Ehrengast darfst du an der Seite des Königs auf der Tribüne Platz nehmen – unter einem ausladenden Baldachin aus Stoff. Zu dumm: Im Schatten kannst du den PorZeiTrans nicht aufladen. Aber du möchtest dem König ohnehin nicht erklären müssen, worum es sich bei deiner Zeitmaschine handelt.

»Jetzt wollen wir uns amüsieren«, ruft er. »Dort kommen die ersten Ritter!«

Zwei Männer in schweren Rüstungen reiten an entgegengesetzten Enden auf den Turnierplatz. Ein Raunen geht durch die Menge, als sie ihre Reittiere in Position bringen und dann in gestrecktem Galopp aufeinander zureiten, lange Lanzen im Anschlag …

KRRRACH!

Die Lanzenspitze des einen Ritters verfehlt den Gegner, der andere wird vor die Brust getroffen und fliegt in hohem Bogen zu Boden. Neben dir klatscht der König begeistert Beifall.

Ganz schön brutal, so ein Turnier. Du beschließt, dass du lieber nicht weiter zusehen möchtest. Doch bevor du dich unter irgendeinem Vorwand davonstehlen kannst, wendet sich der König wieder an dich: »29 Ritter aus dem ganzen Land nehmen an unserem Turnier teil. In jedem Durchgang treten zwei gegeneinander an, einer scheidet aus – so lange, bis nur noch einer übrig ist: der Sieger.« Er sieht dich verschmitzt an. »Gewiss kannst du mir sagen, wie viele Lanzengänge wir heute insgesamt zu sehen bekommen?«

Kannst du die Frage des Königs beantworten, lies weiter auf der Seite, deren Seitenzahl deiner Antwort entspricht.

Meister Morlyn macht einen Luftsprung, als du ihm die Lösung verrätst. »Ihr seid ein Genie!«, ruft er begeistert. »Auf den Trick mit den gespiegelten Ziffern wäre ich nie im Leben gekommen. Nun will ich dafür sorgen, dass Euch unser gütiger König anhört!« Er zückt einen Plan der Burg und zeigt dir, wo sich der Thronsaal des Königs befindet. »Begebt Euch auf direktem Wege dorthin. Leider kann ich Euch nicht begleiten, ich darf meine alchimistischen Versuche hier nicht unbeaufsichtigt lassen. Aber ich werde Seine Hoheit durch einen Boten von Eurem Kommen unterrichten.« Er rollt den Plan wieder zusammen. »Schildert Seiner Hoheit, wer Ihr seid, wie es Euch hierher verschlagen hat und dass Ihr nichts weiter wünscht, als die Burg zu verlassen. Ich werde mich in meiner Nachricht als Kollege für Euch verbürgen.«

Du bedankst dich und willst dich schon auf den Weg machen, da hebt Meister Morlyn eine Hand. »Eine Sache noch: Unser König ist die Güte in Person. Aber er hasst es, seine Zeit mit Narren zu verschwenden. Um zu vermeiden, dass ihn welche behelligen, gibt es vor seinem Thronsaal zwei Türen. Durch eine gelangt man zu Seiner Hoheit, hinter der anderen befindet sich eine Falltür, die hinunter in den Kerker führt. Vor jeder Tür steht ein kampferprobter Soldat Wache. Ihr dürft nur einem von ihnen eine Frage stellen, um die richtige Tür herauszufinden. Einer von beiden lügt immer, einer spricht stets die Wahrheit.« Er seufzt. »Das Gesetz verbietet mir leider, Euch zu sagen, welches die richtige Tür ist. Viel Glück!«

Du hältst dich an Meister Morlyns Wegbeschreibung, und bald tauchen vor dir die erwähnten Türen auf. Sie sehen völlig identisch aus. Zwei grimmig aussehende Wachen stehen davor. Beide sind groß wie Bäume, breitschultrig und in Rüstungen aus Leder- und Metallteilen gekleidet. Als du dich näherst, beäugen sie dich und deine ungewöhnliche Aufmachung kritisch, sagen jedoch nichts. Du erinnerst dich an Meister Morlyns Worte: Du hast nur eine Frage, um herauszufinden, welche Tür du wählen sollst!
Was willst du welchen Wächter fragen, und welche Tür öffnest du daraufhin?

Du fragst den linken Wächter: »Zu welcher Tür würdest *du* mir raten, wenn ich zum König wollte?«, und wählst anschließend die Tür, die der Mann dir nennt? 

Du fragst einen beliebigen Wächter: »Zu welcher Tür würde mir dein Kollege raten?«, und wählst anschließend die Tür, die der Wächter *nicht* nennt? 

Du fragst den rechten Wächter: »Was würde der *andere* Wächter mir raten, wo es zum König geht?«, und wählst dann die Tür, die der Mann *nicht* nennt? 

Konzentriert marschierst du im Licht deiner Fackel durch das Gewirr unterirdischer Tunnel, wobei du dich exakt an Klaatus Anweisungen hältst. Mehrmals glaubst du in der Ferne grunzende Stimmen zu hören, die auf die Anwesenheit von Urmenschen schließen lassen.

Endlich erreichst du den angegebenen Höhlenraum. Ein Teil seiner Decke liegt als Geröllhaufen am Boden, durch eine unregelmäßige Öffnung ist helles Sonnenlicht zu erkennen. Sofort machst du dich an den Aufstieg. Doch der Untergrund ist tückisch: Mehr als einmal bröckelt das Geröll unter deinen Schuhsohlen weg, und du krachst der Länge nach in den Schutt. Zu allem Überfluss lockt der Lärm die Bewohner dieses Höhlenabschnitts an. Mehrstimmiges Gebrüll ertönt, dann stürmt ein Dutzend mit Speeren und Keulen bewaffneter Urmenschen in den Raum. Als sie dich entdecken, wird ihr Gebrüll aggressiver, und einige werfen ihre Speere nach dir. Zum Glück verfehlen sie dich. Doch die anderen nehmen die Verfolgung auf!

Du kletterst schneller, wobei du dich ein weiteres Mal schmerzhaft auf die Nase legst. Dann bist du endlich oben. Den PorZeiTrans mit dem ausgeklappten Solarkollektor hoch über dem Kopf, entfernst du dich von dem Loch im Boden. Hoffentlich tankt der Akku schnell genug auf … Da: LADEVORGANG ABGESCHLOSSEN! Der Zeitpunkt deiner Rückkehr ist noch eingestellt, also drückst du ohne zu zögern die Taste …

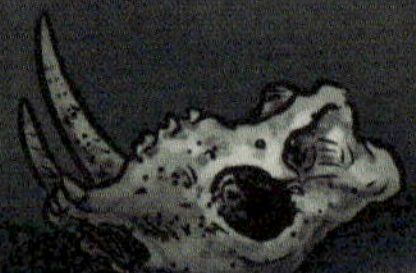

PYRAMIDE
WASSER
WEISEN / ZEIGEN
BESITZEN / HABEN
STEHLEN
SPRECHEN
PFAD / GEHEN
PHARAO
GEHORCHEN / ANBETEN
VERBOTEN
SCHUTZ
ALLE
DIESE(S)
ANDERE
FLUCH
ALLEIN / NUR
TÖDLICH
ENDE EINES SATZES
GESICHT
VERNEINUNG / NICHT

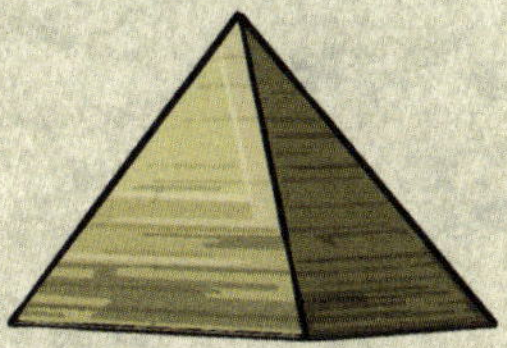

BLITZ!

Zuckendes Fackellicht umgibt dich.

Schon wieder? Das ist kein gutes Zeichen …

Du stehst in einer fensterlosen Kammer mit Wänden aus rechteckigen Steinblöcken. Vier Ausgänge führen in unterschiedliche Richtungen aus dem Raum. Auf die Steine über den Türöffnungen sind Reihen aus Symbolen aufgemalt, eine Art Bilderschrift … Hieroglyphen! Solltest du etwa im alten Ägypten gelandet sein?

Du untersuchst den PorZeiTrans. Deine Kletterpartie über den Schuttberg ist nicht ohne Auswirkungen geblieben: Das Gerät hat mehrere tiefe Kratzer, die Rückseite ist eingedellt. Ob du deswegen erneut in einer falschen Epoche gelandet bist?

Der Energiebalken für Zeitsprünge steht einmal mehr auf leer, aber zum Glück arbeiten die restlichen Funktionen noch. Als du die Kamera auf die rätselhaften Schriftzeichen richtest, zeigt die Datenbank dir in Sekundenschnelle einen Schlüssel, nach dem du die Schrift der alten Ägypter übersetzen kannst.

Sieh dir die Inschrift über den Türen genau an. Welchen Ausgang wählst du, um den Raum zu verlassen?

Wenn du dich entschieden hast, welchem Torbogen du folgen willst, lies weiter auf der Seite mit dem entsprechenden Symbol.

Du erklärst dem Kapitän, warum ein Blick in die doppelt ausgezeichnete Truhe reicht: »Wenn jedes Schild jetzt auf einer falschen Truhe klebt, kann diese Truhe nicht die mit dem gemischten Inhalt sein. Der Stein, den ich durchs Schlüsselloch sehe, ist folglich die einzige Sorte, die die Kiste enthält. Mit dieser Information kann man auf den Inhalt der anderen beiden Kisten rückschließen.«

»Das ist korrekt!« Kapitän Einohr schlägt dir kräftig auf die Schulter und löst deine Fessel. »Willkommen auf der Black Parrot! Du bist jetzt Teil meiner Mannschaft. Und das bedeutet …«, er grinst hämisch, »… dass du wie alle anderen für deine Unterkunft an Bord arbeiten wirst. Ab in die Kombüse zum Kartoffelschälen!«

Die nächsten Tage verbringst du unter Deck mit dem Schälen von zentnerweise Kartoffeln. Keine Chance, den PorZeiTrans aufzuladen und zu verschwinden! Wenn du ausnahmsweise mal nach oben darfst, verdonnert dich der Erste Maat zum Deckschrubben. Stets wirst du dabei überwacht, sodass du es lieber nicht riskieren willst, die Zeitmaschine zu zücken. Die Nächte verbringst du zusammen mit den anderen Piraten in einer Hängematte im stickigen Bauch der Black Parrot.

Eines Tages, du sitzt gerade wieder in der Kombüse und schälst, hörst du von draußen einen Schrei, gefolgt von einem lauten Platschen. Eine Stunde später verändert sich der Seegang des Schiffes, das Rauschen der Wellen verebbt zu einem leisen Plätschern. Ihr seid irgendwo vor Anker gegangen! Kurz darauf erscheint Jack, der Schiffsjunge, und teilt dir mit, dass Kapitän Einohr dich sehen will.

Als du an Deck kommst, siehst du, dass die Black Parrot vor einer kleinen Insel ankert. Sandstrände zieren die Küste, im Süden ist ein kleines Wäldchen zu erkennen, im Norden Berge.
»Das ist Crab Island«, erklärt dir Kapitän Einohr. »In einer Höhle irgendwo auf dieser Insel hat mein Kollege Kapitän Finch, genannt der Violette Korsar, vor 100 Jahren einen gewaltigen Schatz versteckt – alles, was er im Laufe seines Freibeuterlebens zusammengeräubert hatte.« Er zeigt dir eine Karte auf dickem Pergament. »Der Zufall hat mir diesen Lageplan in die Hände gespielt. Mit ihm sollten wir den Schatz von einem markierten Punkt in der Mitte der Insel aus im Handumdrehen finden. Leider musste ich heute Vormittag meinen Navigator über die Planke gehen lassen, da er eine Meuterei gegen mich anzetteln wollte. Jetzt brauche ich einen hellen Kopf, der mir hilft, die Anweisungen des Violetten Korsaren zu entschlüsseln. Bist du dabei?«
Natürlich stimmst du zu. Vielleicht ergibt sich auf der Insel endlich eine Gelegenheit, unbemerkt die Zeitmaschine aufzuladen?
Als ihr mit einem Ruderboot zur Insel übersetzt, ist der Himmel jedoch noch viel zu bewölkt, um Solarenergie zu tanken. Also siehst du dir stattdessen Kapitän Einohrs Karte genauer an.

Wo befindet sich die Höhle mit dem Schatz?
Lies weiter auf der entsprechenden Seite.

9 O, 10 N, 5 W, 5 N
68
62
60
29
80
53
44
20
N
W
O
S

Unter erregten Grunzlauten springen die Höhlenmenschen umeinander. Du hast ihre heilige Bilderwand repariert!

Du fragst dich gerade, wie du ihnen verständlich machen sollst, dass du raus aus ihrer Höhle und an die Sonne möchtest, da betritt ein junges Mädchen die Höhle. Sie ist ebenso primitiv gekleidet wie die restlichen Höhlenmenschen, ihr Gesicht wirkt jedoch weicher und freundlich, beinahe wie das eines Mädchens aus deiner Zeit. Lächelnd kommt sie auf dich zu und sagt etwas, das du nicht verstehst. Du wirfst einen verstohlenen Blick auf das Display des PorZeiTrans, aber dort steht lediglich: SPRACHINPUT NICHT DECHIFFRIERBAR. Na toll!

Das Mädchen deutet auf sich und wiederholt ein Wort, das klingt wie »Roonu« – offenbar ihr Name. Du zeigst auf dich und nennst deinen Namen. Sie lacht und klatscht in die Hände. Du nutzt die Gelegenheit und versuchst ihr klarzumachen, dass du ins Freie musst … Vergeblich. Aber zumindest scheint Roonu zu begreifen, dass du irgendetwas auf dem Herzen hast. Sie fasst dich am Arm und zieht dich durch die Reihen der Höhlenmenschen zur Tunnelmündung und weiter einen grob gehauenen Gang entlang. Wenig später öffnet sich dieser in ein steinernes Gewölbe.

93

Diese Höhle ist kleiner als die erste. In einem Kreis aus Steinen brennt ein Feuer. Wenige Schritte entfernt steht ein alter Höhlenmensch mit fast bis zum Boden reichendem, grauweißem Haar. Er ist versunken in die Betrachtung einiger Symbole, die vor ihm in den Stein geritzt sind. Als ihr eintretet, dreht er sich um.

Roonu sagt ein paar Sätze in der grunzenden Sprache der Urmenschen. Du vermutest, dass sie ihm berichtet, wie du die Höhlenmalereien repariert hast und dass du irgendein Problem hast. Der Alte, der offenbar auf den Namen Klaatu hört, lauscht konzentriert. Dann wendet er sich an dich. Er versucht gar nicht erst, mit dir zu sprechen, sondern nutzt eine ausgeklügelte Form der Zeichensprache. So könnt ihr euch wenigstens grob verständigen.

Du teilst ihm mit, dass du das Höhlensystem so schnell wie möglich verlassen möchtest. Klaatu willigt ein, dir dabei zu helfen, sofern du ihm zuvor bei einem Problem hilfst. Er deutet auf die Symbole hinter sich. Fünf davon stammen von seinem Vorgänger, dem letzten Schamanen von Roonus Stamm. Sie sollen den Höhlenbewohnern Glück und Gesundheit bringen. Kürzlich jedoch (das entnimmst du Klaatus Gesten) drang der Schamane eines verfeindeten Stammes ein und fügte ein Symbol hinzu, das den positiven Effekt der Zeichen umkehre. Klaatu will es entfernen, aber er weiß nicht, welches das neue Zeichen ist.

Kannst du Klaatu sagen, welches der sechs Symbole nicht zu den restlichen passt, lies weiter auf der betreffenden Seite.

57
70
44
98
10
23

Gemeinsam mit dem Kapitän machst du dich ein Stück nördlich des Höhleneingangs auf die Suche – und wirst fündig: Zwischen einigen verdorrten Büschen ragt eine Holzstange empor. Als du daran ziehst, ertönt aus Richtung der Höhle ein knirschendes Geräusch, gefolgt vom Jubel der Piraten. Ihr eilt zurück. Die Steinplatte ist im Boden versunken, die Höhle offen!
Während die Piraten hineinstürmen, um sich über die Schätze des Violetten Korsaren herzumachen, hältst du Kapitän Einohr an der Schulter zurück. Du erinnerst ihn an sein Versprechen und wünschst dir einen einsamen Inselspaziergang. »Wenn das alles ist, was du willst … Klar, hau ab und vertritt dir auf diesem öden Stück Land ein wenig die Füße!«
Erleichtert entfernst du dich von den Piraten. Du läufst zum Strand hinunter, wo

die Sonne gnadenlos auf den Sand brennt, und klappst den Solarkollektor aus. Während die Zeitmaschine lädt, vergewisserst du dich penibel, dass das Gerät diesmal weder nass noch voller Sand, angeschlagen oder anderweitig beschädigt ist. Als du sicher bist, dass alles in Ordnung ist, steht der Ladebalken bereits auf 100 %.
Du willst gerade auf TRANSMISSION drücken, da fällt dir eine blinkende rote Schrift auf dem Display ins Auge, die du zuvor noch nie gesehen hast:

!!! WARNUNG !!!
REGENERATIONSGRENZE DES AKKUS ERREICHT.
WIEDERAUFLADEN NACH NÄCHSTER ENTLEERUNG UNMÖGLICH!

Wenn du das richtig verstehst, heißt das, dir steht nur noch ein einziger Zeitsprung zur Verfügung, bevor der Akku für immer den Geist aufgibt. Das bedeutet, diesmal muss es klappen!
Mit zitternden Fingern drückst du aufs Knöpfchen und kneifst die Augen zusammen …

STOPP!!!

WIE VIELE RÄTSEL HAST DU AUF DEINEM WEG LÖSEN KÖNNEN?
Zähle alle Kreuze, die du ganz vorne bzw. ganz hinten im Buch gemacht hast. Für jedes Kreuz in der vorderen Umschlagklappe notiere einen Punkt, für jedes Kreuz in der hinteren Umschlagklappe schreibe zwei Punkte auf. Addiere beide Ergebnisse und subtrahiere die erhaltene Summe von 60.

- Beträgt das Resultat **40 oder mehr**, lies weiter auf **Seite 104**!

- Beträgt das Resultat **weniger als 40**, lies weiter auf **Seite 100**!

Wie … Kein Blitz?
Verwirrt öffnest du die Augen wieder. Du stehst noch immer an der Küste der kleinen Schatzinsel. Vor dir brechen sich Wellen mit weißen Schaumkronen am sandigen Strand, hinter dir ragt der Berg mit der Schatzhöhle in den blauen Himmel auf.
Was soll das?
»Bist du bald fertig mit deinem Spaziergang?«, gellt da die Stimme von Jack, dem Schiffsjungen, von einer Sanddüne herunter. »Der Kapitän will zurück zur Black Parrot. Er fragt, ob du mitkommst oder vielleicht lieber hierbleiben möchtest?«
Was zum …? Panisch inspizierst du das Display des PorZei-Trans. Stand da nicht gerade, es wäre noch ein Zeitsprung möglich?
Die rot blinkende Leuchtschrift, die sich quer über die Anzeige zieht, macht deine Hoffnung schlagartig zunichte:

IRREPARABLER LEISTUNGSABFALL IN 76 % DER AKKUZELLEN
ZEITREISE-FUNKTIONALITÄT NICHT MEHR GEWÄHRLEISTET

IRREPARABLER LEISTUNGSABFALL IN 76% DER AKKUZELLEN
ZEITREISE-FUNKTIONALITÄT NICHT MEHR GEWÄHRLEISTET

Du verstehst zwar nicht genau, was dir das sagen soll, aber die Tatsache, dass keiner der Regler im Menü sich mehr verstellen lässt, spricht eine deutliche Sprache. Der PorZeiTrans ist am Ende! Zu oft hast du neben deinen planlosen Sprüngen durch die Vergangenheit auf die Datenbank der Zeitmaschine zugegriffen. Dem ständigen Be- und Entladen war die Batterie nicht gewachsen.
Verdammt!
»Was ist nun? Kommst du mit uns, oder bleibst du hier?«
Dir wird flau im Magen, als du begreifst, was das bedeutet: Du wirst nie mehr in deine Zeit zurückkehren! Deine Eltern, Onkel Ethan, all deine Freundinnen und Freunde … Du wirst sie nicht wiedersehen.
Den Tränen nahe, sinkst du im warmen Sand auf die Knie. Was nun? Sollst du dich den Piraten anschließen und den Rest deines Lebens mit ihnen auf Kaperfahrt gehen?

In diesem Fall müsstest du dich beeilen, ihre Sprache zu erlernen, denn schon bald wird das Gerät in deiner Hand auch nicht mehr genügend Restenergie für die Übersetzung ihrer Worte haben.
Oder bleibst du hier? Als einsamer Einsiedler auf einer menschenleeren Insel mitten im Ozean? Du müsstest dich von Fisch und Kokosnüssen ernähren, mit niemandem außer ein paar Möwen und vielleicht hin und wieder einem Delfin als Gesellschaft.
Wie auch immer deine Wahl ausfällt, dein Leben wird sich grundlegend verändern. Dir bleibt nichts anderes übrig, als das Beste daraus zu machen …

ENDE

BLITZ!
»Halli-hallo! Willkommen zurück!«
Du erkennst die Stimme deines Onkels, noch bevor du die Augen wieder aufschlägst. Als du dich blinzelnd umschaust, findest du ein unordentliches Labor vor sowie einen nach wie vor bestens gelaunten Professor Tusk. Dem unveränderten Pegelstand seiner Champagnerflasche entnimmst du, dass du höchstens ein paar Augenblicke fort gewesen sein kannst. Deine Vermutung bestätigt sich, nachdem du deinem Onkel von deinen Erlebnissen in der Vergangenheit berichtet hast. »Hier in der Gegenwart ist gerade mal ein längerer Atemzug verstrichen«, erklärt der Professor. »Erstaunlich, dass der PorZeiTrans dich bei deiner Rückkehr nicht nur über die zeitliche, sondern auch die räumliche Distanz zurückgeholt hat, die du gereist bist. Immerhin hattest du dich an Bord der Black Parrot Hunderte Kilometer weit von deinem Startpunkt entfernt – dem Ort, an dem in einer späteren Zeit einmal mein Häuschen stehen würde.« Er stellt den Champagner beiseite und untersucht mit skepti-

schem Blick die Zeitmaschine. »Hmm. Du hast recht, der Akku ist hinüber.« Betroffen sieht er dich an. »Das hätte leicht ins Auge gehen können. *Ein* weiterer fehlgeleiteter Sprung, und du hättest nie mehr in unsere Zeit zurückkehren können!« Er legt dir eine Hand auf die Schulter. »Bitte verzeih mir, dass ich dich einer solchen Gefahr ausgesetzt habe! Aber mir war nicht klar, dass wiederholtes abruptes Be- und Entladen der Batterie so stark zusetzen würde.« Mit wehenden Haaren eilt er zu einem Arbeitstisch und beginnt zu werkeln. »Zum Glück ist das für ein geniales Hirn wie das meine kein Problem: Ich werde sofort einen stärkeren Akku erfinden. Außerdem muss das Gerät besser vor Stößen geschützt werden und absolut staub- und wasserdicht sein!«

Du willst etwas erwidern, aber dein Onkel ist bereits völlig vertieft in seine Arbeit. Also wendest du dich in Richtung Tür.

»Du wirst die zweite, überarbeitete Version des PorZeiTrans doch wieder testen?«, ruft dir Onkel Ethan nach.

Du hebst abwehrend die Hände. »Höchstens wenn der neue

Akku so groß wäre, dass man mehrere Zeitsprünge hintereinander machen kann, ohne jedes Mal neu aufzuladen. Alles andere wäre mir zu stressig, fürchte ich.«
Professor Tusk sieht dich über die Schulter mit großen Augen an. »Guuute Idee«, murmelt er und macht sich wieder an die Arbeit.

ENDE

Ein weiteres Escape-Room-Abenteuer: LESEPROBE »*FLUCHT AUS* ... dem Haus der Geister«

ISBN 978-3-8458-3979-0

»Das traust du dich nie!«
Die Worte von Bernhard »Bernie« Brock, seines Zeichens Klassengroßmaul und Angeber vor dem Herrn, hallen hinter deiner Stirn wider, während du durch einen finsteren, verwilderten Garten stapfst.
Deine Antwort ist dir noch ebenso gut in Erinnerung: *»Wetten, dass ich mich traue, B.B.?«*
Und jetzt bist du hier, bei Nacht und Nebel, vor dir ein uraltes Landhaus mit unzähligen Erkern und Türmchen: das Harkensteyn-Haus, auch »Haus der Geister« genannt, weil sich seit dem Verschwinden seines ehemaligen Besitzers, eines verschrobenen Gelehrten namens Viktor von Harkensteyn, die wildesten Gerüchte um das alte Gemäuer ranken. Spuken soll es darin, so heißt es. Ein Makler berichtete von unerklärlichen Geräuschen und riesigen Kelleranlagen, in denen jemand – oder *etwas* – durch die Dunkelheit schlurfe. Ein Ehepaar verbrachte einmal zur Probe eine Nacht darin. Am folgenden Morgen verschwanden sie mit kreidebleichen

Gesichtern. Was sie gesehen oder gehört hatten, darüber verloren sie nie ein Wort.
All das hat dich nicht abgehalten, auf dem Schulhof mit Bernie eine Wette einzugehen: dass du dich traust, das alte Gemäuer zu besuchen – allein, nachts. Als Beweis sollst du im Innern ein Selfie aufnehmen. Kommst du wohlbehalten zurück, will Bernie dir sein nagelneues Tablet überlassen. Traust du dich hingegen nicht oder schaffst es nicht, ins Haus zu gelangen, musst du Bernie deine roten Lieblingssneaker abtreten.
Nun stehst du vor der Eingangstür, einem drei Meter hohen Monstrum aus nachtschwarzem Holz. Ohne viel Hoffnung drückst du die schmiedeeiserne Klinke … und die Tür schwingt unter markerschütterndem Quietschen auf!
Was hat das zu bedeuten? Wieso ist das Haus unverschlossen? Zögernd trittst du ein. Der Strahl deiner Taschenlampe reißt eine große Eingangshalle aus der Finsternis. Die Möbel sind mit weißen Laken verdeckt, an den Wänden hängen düstere Ölgemälde. Vor

einem geschwungenen Treppenaufgang steht eine eingestaubte Ritterrüstung, meterlange Spinnweben baumeln von einem Kerzenleuchter an der Decke bis fast zum Boden herab.
Eine Gänsehaut kriecht dir über den Rücken. In so einer Kulisse fürchtet man sich auch ganz ohne Gespenster!
Holzdielen knarzen unter deinen Füßen, als du die Halle durchquerst. Plötzlich gibt der Boden unter deinen Füßen nach!
Dein Sturz endet auf einigen mit Stroh gefüllten Säcken. Du findest dich in einem unterirdischen Raum wieder. Die Mauern sind aus unregelmäßigen Steinen gefügt und mit etwas überzogen, das wie pelziger Schimmel aussieht – Salpeter. Die Luft riecht feucht und modrig.
Was hat das zu bedeuten? Wer könnte ein Interesse daran haben, dich hier einzusperren? Ist das alte Landhaus vielleicht doch nicht so unbewohnt, wie du dachtest?
Am allerwichtigsten jedoch: Wie kommst du hier wieder heraus?

...

Es gibt noch mehr zu entdecken:

978-3-8458-3979-0

ISBN 978-3-8458-3455-9

ISBN 978-3-8458-3569-3

ISBN 978-3-8458-3861-8

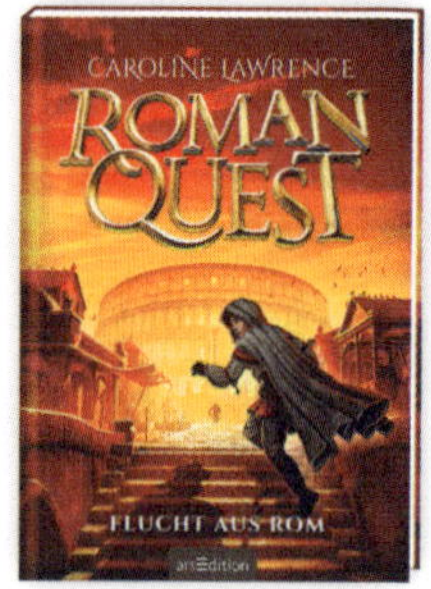

ISBN 978-3-8458-2780-3

ISBN 978-3-8458-3639-3

ISBN 978-3-8458-3639-3

ISBN 978-3-8458-31712-5

ISBN 978-3-8458-3032-2

Mehr Infos zu den Büchern finden Sie unter
www.arsedition.de
Newsletter abonnieren:
www.arsedition.de/newsletter

STRENG GEHEIM: DIE LÖSUNGEN

Du kannst ein Rätsel nicht knacken? Hier findest du die Lösung.
(Vergiss nicht, jede genutzte Hilfe mit einem Kreuz zu versehen!)

SYMBOL	LÖSUNG	X
	Du erreichst den Vulkan beim Symbol »Flugsaurier«.	
	Es sind 20 Allosaurier.	
	Du benötigst 300 Moosbüschel. Die gesuchte Seitenzahl lautet 60.	
	Es sind 32 Plesiosaurier.	
	Das passende Stück ist das mit dem Symbol »Steinaxt«.	
	Das Symbol, das nicht zu den anderen passt, trägt die Zahl 44.	
	Es dauert 18 Minuten, bis alle über die Schlucht sind. Die gesuchte Seitenzahl lautet 72.	
	Der gesuchte Raum trägt die Zahl 84.	
	Der einzige Gang, der nicht mit einem tödlichen Fluch belegt ist, ist mit dem Symbol »Pharaonenmaske« gekennzeichnet.	

SYMBOL	HINWEIS	X
	Deine Übersetzung muss keinen zusammenhängenden Satz ergeben. Es genügt, den groben Sinn der Symbole zu verstehen.	
	Wie viele Buchstaben hätten die Zahlenwerte, die die Männer dem Wächter zeigten, wenn man sie als Wörter aufschreibt?	
	Wenn du in Gedanken identische Schmuckstücke auf beiden Seiten einer ausgeglichenen Waage entfernst, erhältst du wichtige Hinweise zum Gewicht der verbleibenden Gegenstände.	
	Fahre mit einem Bleistift den Weg an den Pfeilen entlang, bis du am Ziel bist.	
	Notiere für jede Rune den entsprechenden Buchstaben auf einem Zettel. Kannst du die Botschaft jetzt lesen?	
	Sieh dir die Symbole genau an. Kommen sie dir bekannter vor, wenn du ihre linke Hälfte mit einem Stück Papier abdeckst?	
	Versuche, dich in die Position des wahrheitsliebenden und des lügenden Wächters zu versetzen, um zu verstehen, was sie über den jeweils anderen aussagen würden.	
	Wenn bei jedem Lanzengang ein Ritter ausscheidet, bis nur noch einer übrig ist, muss die Zahl aller Lanzengänge um wie viel geringer sein als die Zahl der Teilnehmer?	
	Addiere alle Kisten, die sich in Kisten befinden, aber vergiss auch die äußere Kiste nicht!	
	Wenn alle Etiketten jetzt auf einer falschen Kiste kleben, was sagt dann das Etikett »Rubine & Smaragde« über den Inhalt der Kiste, auf der es jetzt sitzt?	
	Vielleicht weisen die Buchstaben auf der Karte auf Himmelsrichtungen hin, die Zahlenwerte auf Schritte/Kästchen …	
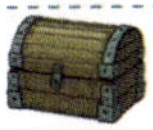	Verschiebe die Abstände zwischen den Satzteilen, bis sich richtige Wörter ergeben.	